「言葉」で読み解く平成政治史

西田亮介
社会学者・東京工業大学准教授

千倉書房

装丁・本文デザイン　西尾浩

はじめに――「ご飯論法」が新語・流行語大賞トップテンに選出されるまで

平成の三〇年を通じて多くの制度変更が行われ、政治と社会の距離感は大きく変貌を遂げた。本書は「政治の言葉」、それも「政治の流行語」を取り上げながら、社会における政治を考えてみたい。まず筆者の視座と問題意識を概観、共有する。

政治も確実に社会に対する向き合い方を変え、社会の政治に対する構えも変わった。政治とカネに対する反省を契機に導入された小選挙区制や自民党に対する積年の反感もあり、包括政党としての多様性と多元性、党内の競争関係を有する自民党に規模の小さな野党が複数存在し対峙する五五年体制の構図は平成冒頭をもって姿を消した。ただし同等の勢力の政党が切磋琢磨する二大政党制へという制度変更当時の意図は未だ完成しないままだ。新しい政治の習慣やルールが定説というほどに根付くわけでもなく、平成の政治は試行錯誤の連続であった。言い換えると、政治はわかりにくくなった。

野党が行う権力批判やその擁護の意味すら、市井の水準では自明のものでなくなりつつあるかのようだ。政治（家）を擬人化し、性善説に立とうとしてみたり、本来性質が異なるビジネスの比喩、とくに素朴な費用対効果を当てはめてみたりといった言説も散見される。この間、古典的な「知識人」の社会に対する影響力が弱まり、ビジネスパーソンがオピニオンリーダーとして重要な役割を果たすようになったことと無関係ではあるまい。

同時に「反権力」の後退は野党の支持基盤の脆弱《ぜいじゃく》さと無関係でもなさそうだ。かつては学生運動や冷戦の影響もあり、若年世代の反体制は所与のものとみなすことができ、それらの論点も比較的明確だった。一九九一年のベルリンの壁崩壊と旧ソ連邦解体以後、第二次世界大戦後に長く世界を二分してきた比較的単純な理解の構図が失われた。理念はさておき、実質的に日本がアメリカに代表される西側諸国に属していることの利点が自明であった時代もまた終わりを告げた。

最近はどうか。世界の複雑性は格段に増加した。国家と非国家が対峙する非対称戦やテロが頻発するが、因果関係は極めて複雑だ。また同盟国としてのアメリカはこれまで以上に露骨に自国の利益を日本にも押し付けてくるようになった。声高に中国、ロシアの脅威が喧伝《けんでん》されるが、さすがにアメリカのリスクに目を瞑《つむ》ったままというわけにもいくまい。

複雑化する状況のなかで、政治の既定路線があり、その既定路線への反発も含めて「理想」と「反権力」を同時に模索するという図式は、あまり若い世代に訴求しなくなりつつあるかのようだ。

若い世代の政権支持傾向は年長世代を上回っているし、投票率の落ち込みも目立つ。若年世代の投票率の低さはかねてから存在したが、しかし平成末期と一九七〇年代における二〇代の投票率を比較すると、概《おおむ》ね半分程度の水準だ。世論調査などでも見られるように、政治や政治的なものに対する不信感はいまも根強く存在し、それと対になって、かつて丸山眞男が警鐘を鳴らした過剰な「現実主義」が幅を利かせている。丸山は「現実主義の陥穽《かんせい》」などを通して、日本における現実主義は政治の既定路線の肯定に結びつきがちで、「他のあり方」に対する想像力と選択肢を毀損《きそん》しがちだと述べた。平成とポスト平成の現実主義は過剰に対案を要求することで、オルタナティブな思考を許さない狭隘《きょうあい》なものになりつつあるようにも思われる。

多くの人が政治について接触するのはメディアを通してだが、その軸足はマスメディアからネットへと変わろうとしている。政治報道の中心であった新聞の凋落《ちょうらく》は発行部数、信頼感ともに著しい。新聞「紙」は若い世代にはほとんど訴求しなくなりつつあると言っても良いし、変化を巻き戻すこともおそらくは不可能だ。

ネット、なかでも最近のＳＮＳやソーシャルメディアは従来型のマスメディアと比較すると速報性、双方向性、多様な拡散性の点で秀でている。リアルタイムな発信が可能で、受け手と送り手のやり取りが可能で、さらに送り手の意図を遥かに超えた多様な広がりを見せるようになった。

その結果、現在では、政治は一方的に批評される存在ではなくなった。世論や社会に訴求する主要な手段がマスメディアしかなかった時代には、政治はマスメディアに対してある種の遠慮を見せていた。現在ではマスメディアに対する配慮が失われるとともに、強いプレッシャーを加え、従来とは異なった態度を見せるようになってきた。政治家や政党はインターネットやＳＮＳを通して直接社会にメッセージを発信し、場合によっては反論を行うようになった。政治は多くのコストをかけ、戦略と戦術、組織を活用する。言いたいことに対して、いっそう貪欲になった。政治における「イメージ」の重要性が増した（「イメージ政治」）。

一九八九年から二〇一九年まで続いた平成の三〇年間の改革についてはすでに多くの研究、評論、総括がなされている。その一方で社会が政治をどのように捉えてきたのか、社会と政治の関係性はいかなるものだったのかという点はあまり検討されてこなかった。

「平成政治」というと選挙制度改革、行財政改革、非自民政権への政権交代、自衛隊の海外派遣、国民投票法の成立、安倍長期政権、憲法解釈変更といった具体的な「改革」が思い浮かぶが、これらはあくまで政治システムの内的な変更である。

もちろんこれらは大きな変更であった。しかし平成の間に変わったのは政治システムにとどまらないのではないか、というのが筆者の問題意識である。かつて卓越したジャーナリストのウォルター・リップマンはその著書『世論』を通して、固定観念（ステロタイプ）に依存したメディア的現実こそが「現実」として受け止められてしまう「疑似環境」論を提唱した。日本のように、現実政治と日常生活が注意深く隔離され、政治的なものがタブー視され忌避されがちな社会においては尚更のこと、政治と言うとき真っ先に想起されるのはメディア的政治のはずだ。分散がますます大きくなるものの、インターネット、そしてソーシャルメディアの時代においてもその傾向は変わらない。

変貌した政治と社会の距離感、言い換えれば政治と社会のあいだを埋めるものはどのように理解すれば良いだろうか。

ひとつのアプローチはメディアにおける「形式」への注目だ。形式と内容に大別すれば、メディアが政治をどのように報じ、また政治がメディアをどのように活用しているのかを知ろうとすることは、形式への注目にあたる。

『メディアと自民党』(角川書店/二〇一五年)、『情報武装する政治』(KADOKAWA/二〇一八年)などの仕事を通じて、筆者はインターネットの時代、とくにSNS活用が本格化する二〇一〇年代以後のそれらの問題に接近を試みた。自民党をはじめ野党のメディア活用状況とその変化を取り上げながら、政治の変化について論じた。

その一方で異なるアプローチもあり得ることに気がついた。それが内容への注目であり、政治を表現する言葉への注目である。平成という時代を通じて、社会は政治のどのような言葉に注目し、評価と批判を加えてきたのだろうか。

このとき注目してみたいのが「『現代用語の基礎知識』選 ユーキャン新語・流行語大賞」(以下、「新語・流行語大賞」)のなかの政治に関する言葉たちである。新語・流行語大賞は自由国民社が主催し一九八四年に始まった。毎年一二月に『現代用語の基礎知識』収録の用語から自由国民社と大賞事務局がノミネート語を選出。選考委員会の手で表彰対象となるトップテン、年間大賞語が選ばれる。ここで選出された言葉たちは、いつの時代も季節の風物詩として各種メディアで取り上げられ話題になっている。

これをまとめて振り返ってみると、なかなか面白いことに気付いた。たとえば直近の二〇一八年のトップテンには「ご飯論法」が選ばれ、上西充子（法政大学キャリアデザイン学部教授）／紙屋高雪（ブロガー・漫画評論家）の両名が表彰されている。上西の言葉を借りれば、「朝ごはんは食べたか」という問いに対して、「ご飯は食べてません（パンは食べたけど）」と返答するような最近の政治の答弁を表現したものであり、直接には加藤勝信厚労大臣が念頭に置かれたものであった（上西充子「「朝ごはんは食べたか」→「ご飯は食べてません（パンは食べたけど）」のような、加藤厚労大臣のかわし方」（二〇一八年https://news.yahoo.co.jp/byline/uenishimitsuko/20180507-00084931/）。

この「ご飯論法」の表彰理由は以下のとおりであった。

裁量労働制に関する国会審議の中で加藤厚生労働大臣が行った、論点をすり替えたのらりくらりとした答弁をさして広まったのがご飯論法。加計学園問題で五月に参考人招致された柳瀬唯夫元秘書官、同じく加計学園問題について答弁する安倍晋三首相、森友学園問題で証人喚問に立った佐川宣寿前国税庁長官、その他巨大看板問題で追及を受ける片山さつき議員など、この「ご飯」は赤坂自民亭のメニューにあるのだろうか。

さらに今年は「記憶にございません」の次世代フレーズ「刑事訴追の恐れがありますので差し控えます」も多用され、国民をあきれかえらせた。（「第三五回 二〇一八年 授賞語」（https://www.jiyu.co.jp/singo/））

「ご飯論法」という言葉の直接の字面は、とても政治を表現した言葉だとは思えないが、最近のすっかり軽くなってしまった政治を巡る言葉のやり取りを見ていると確かに言い得て妙だと思える。その一方で「流行語」という面からすれば、少し時代が下るとおそらくは「ご飯論法」なる言葉が政治を表現した言葉であることなど、あっという間に忘れ去られてしまうのかもしれない。そうであるからこそ政治について二〇一八年を振り返るという意味では、そして社会がどのように政治を捉えたのかという視点に拠って立つときには、こうした言葉の存在は看過できないはずだ。時代を振り返るという意味では尚更だ。

「新語・流行語大賞」で取り上げられる言葉たちとは、それぞれの時代を最も端的に彩る／彩った言葉たちである。そうであるがゆえに、あっという間に忘却されていってしまう。当然政治の常識を強く意識したわけですらなく――むしろ政治的文脈は余興に過ぎない――政治学者や政界で正式に使われる「公式の政治の言葉」でもなく、いわば時代を最も鮮やかに切り取る「非公式の政治の言葉」なのである。

この「非公式の政治の言葉」群のなかから、平成元年から平成三〇年まで、つまり一九八九年から二〇一八年までの期間に四つの時代区分を導入しながら、毎年ひとつ、ないしは複数の広義の政治に関する受賞語、ノミネート語を取り上げ、検討を加えることで平成政治を表現した「非公式の政治の言葉」を論評していくというのが本書の狙いだ。四つの時代区分とは一九九〇年代、二〇〇〇～二〇〇九年、二〇〇九～二〇一二年、二〇一二～二〇一八年という一見アンバランスな区分である。

この区分は政治の変動と対応している。一九九〇年代というのは昭和から平成の過渡期にあたる。一九八〇年代の政治とカネの問題に端を発し、政治改革の必要性が自民党内部からも提唱され、選挙制度改革と非自民連立政権の誕生に結実し、長く続いた政治の五五年体制が終わりを迎えた。一九九六年には初の小選挙区比例代表並立制を取り入れた衆議院議員総選挙が実施されるとともに、自民党連立政権が復帰し、一九九八年には現在の一府一二省庁制につながる中央省庁等改革基本法が成立する。平成政治の土台と基調が明確になるのがこの時期であった。

そして二〇〇〇年代において、「自民党をぶっ壊す」と言った小泉純一郎率いる「新しい」自民党は、派閥よりも世論を味方につける新しい政治路線を採用した。だが小泉路線の踏襲《とうしゅう》は難しかったのか、その後は短命政権が続き、二〇〇九年九月には鳩山由紀夫が率いた民主党政権への政権交代が起きる。二〇〇〇年から民主党への政権交代までを第二期として扱う。

この民主党政権の時期を第三期とする。民主党は二〇〇〇年代を通じて支持を拡大し、多くの新しい試みを政治の世界に持ち込もうとした。それらは幸か不幸か民主党政権のもとでは花開かなかったが、その一部は二〇一二年の第四六回衆議院議員総選挙を経て再び政権の座に帰り着いた第二次以後の安倍政権で具体化することになった。第二次安倍政権から現在に至る時期を第四期として取り扱う。その区分が本書の章立てに対応している。

なお、この四つの時代区分は、政治とメディアに関する三つの時代区分が重なっている(図①)。

拙著『メディアと自民党』(角川書店)、『情報武装する政治』(KADOKAWA)では近年の政治とメディアの関係性の変容と、二〇一三年の公職選挙法改正に伴う広範なインターネット選挙運動が認められるようになった状況に対する政党の対応過程、ジャーナリズムの変化等を論じながら、自民党を中心とした日本政治とメディアの関係性がお互いに文脈

図① 変容する政治とメディアの関係

時期	慣れ親しみの時代 （2000年代以前）	移行と試行錯誤の時代 （2000年代）	対立・コントロール期 （2012年、第2次安倍内閣以後）
メディアとの関係性	「慣れ親しみの関係」 ● 長期的で、安定的な信頼関係の構築 ● 政治とメディアの人材交流	「関係性の再構築」 ● 連続する短命政権と、不安定な民意、メディアの混乱 ● 長期的信頼関係構築の困難	「対立・コントロール関係」 ● 短期的利害関係の重視 ● 相互に直接的な影響力の行使を追求 ● 政治優位の時代へ
生活者、社会との関係性	間接的 （マスメディア以外の広報手段の限定）	試行錯誤 （ネットの普及、メディア力学の変化のなかで、政治と有権者の直接対峙が可能に）	直接的 （戦略的意図をもってデザインされた直接、間接の関係構築手法の探求）
戦略の起点	属人的	個人と組織の併存	組織化と体系化の過渡期、カリスマ化された個人

を共有し、緊張関係を有しながらも融通し合うおよそ二〇年の「慣れ親しみの関係」から、相互に直接的な影響力を行使しようとする「対立・コントロール関係」への移行に言及した。

小選挙区制の導入、インターネットメディアとモバイル化の進展、すなわちソーシャルメディア時代の政治の情報環境、メディアとの力学の変化にいち早く対応したのは自民党であって、本来挑戦者であるはずの野党ではなかった。また二〇〇〇年代において、試行錯誤を試みたのも途中、野党経験を積んだ自民党だった。失敗をバネに新しいメディア環境への適応を試み、メディア、なかでもネットに流通する言葉——非言語の情報発信を含む——の開発に注力する。

未だ自民党には及ばないものの各政党も同様の戦略、戦術、組織の開発に注力する。かくして平成の時代を通して政治の情報発信の戦略と戦術は洗練され、いっそうスマートなイメージと言葉を使うようになった。ただし、それらは取り繕われたものでもあり、しばしば綻《ほころ》びが生じているようでもある。政権を中心に据えた四つの時代区分と、政治とメディアの関係を念頭に置いた三つの区分は重複している箇所と重複しない箇所があるが、通底する問題意識として共有したい。

なおここで取り上げる「広義の政治に関する語」とは、厳密には経済や行政に関わる場合も含めて相当程度広義に捉えたい。なかでも政治を映す鏡という意味では、度々メディアに関する用語に言及することになる。また単に用語を解説するにとどまらず、その後どのように展開したのか、時代の端境期から捉え直すとどのような連続性を持ったのか／持たなかったのかということに言及する。

「公式の政治の言葉」について知りたければ、例えば各々の政権の所信表明演説を紐解けばよい。しかし前述した社会と政治の関係性とその総体や変容に注目し、平成の政治、なかでも連続した社会における政治の捉えられ方のようなものに関心を向けるとき、「非公式な政治の言葉」が一瞬で消費され、その後顧みられなくなっているものが少なくないとしても、そうであるからこそ連続的に並べて眺め直すことで、社会から眼差した政治の一側面を把握することができるのではないか。

本書を一読すると、「政治の言葉」が三〇年という時間の中で時に似た形で、しかし、少しずつ文脈を変えながら、繰り返し登場していることに気付くはずだ。

ここで遠く念頭に置かれているのは、卓越した政治記者として知られた朝日新聞社の石川真澄記者の、かつての『朝日ジャーナル』での連載をまとめた『政治のことば』という一冊の書籍である（石川真澄『政治のことば 状況の奥を読む』朝日新聞社／一九八七年）。

石川記者といえば「亥年選挙」という亥年の与党苦戦を説明する経験的な仮説の提唱者としても知られている。統一地方選挙は四年に一度実施され、参議院選挙は三年毎に半数ずつ改選され、両者は一二年に一度の亥年に同じ年に実施されることになるが、組織依存度の高い政党は一年間に二度組織を動かすため組織が疲弊するという仮説を提唱した。現実政治と政治学を架橋できる稀有な仕事を多く残している。

平成が終わり、令和が始まる二〇一九年はまさに亥年選挙の年でもある。四月の統一地方選挙とともに平成は幕を下ろし、夏の参議院選挙とともにポスト平成の時代、つまり令和の時代を迎えることになった。

『政治のことば』のページをめくると、石川記者は政治記者として深く政治のインナーサークルに根差した知見を活かしながら、「保守本流」や「派閥」、「解散権」といった数多の「政治の公式の言葉」を時代に寄り添いながら平易に論評していたことがわかる。こうした石川記者の手腕に敬意を払い頭の隅に置きながら、本書では平成政治を表現した非・公式の言葉の数々を紐解き、論評してみたい。少なくとも同様の視座から平成政治を振り返り、令和の政治を展望する取り組みは、管見《かんけん》の限りあまり類を見ない。

最後に言葉とマーケティングを専門にする一橋大学の松井剛先生との対談を収録した。

本書はどのページからでも読み始めることができる。気の赴くままにページを開きながら、「政治の言葉」を手がかりに社会が政治を捉えた軌跡を辿る、一風変わった政治評論を是非楽しんでいただきたい。

「言葉」で
読み解く
平成政治史

目　次

社会学者・東京工業大学准教授
西田亮介

「言葉」で読み解く平成政治史

第二章　劇場型政治とカリスマ

第三章 過渡期のネット政治とマーケティング戦略

第四章

第一章

マスメディア時代の「政治」と「言葉」

――劇場型政治完成前夜の緊張関係

「平成的なもの」の捉え方における世代間のズレ

平成の時代の幕開けとともに、経済を基軸に据えた戦後日本社会の理想が完成を見た。しかしすぐさま崩壊の途を歩みはじめ、その足取りは行き先も見えず、昭和の時代の無理難題が噴出するなか平成後期に向かうにつれて、ただただ早くなっている。三〇年という限られた時間でありながら、法律、制度といった実態や各種の客観的な指標に注目するなら、まるでジェットコースターのような変化を遂げたことになる。

制度や市場の変化に比べると、人の認識や規範の形成、変化には随分と時間がかかる。そのため平成の変化は正しく認識されなかったし、現在もされていないと考えるほうが自然なはずだ。これが一九八三年に生まれ、平成とともに育った筆者の素朴な認識だ。そして本書に通底する問題意識でもある。

事実、平成末の現在においても人口のおよそ七割は昭和かそれ以前の生まれで、昭和生まれの世代がマジョリティということになる。当然彼らが形成してきた諸制度や諸習慣、規範が未だに支配的地位に残っている。それはまさに昭和の面影というほかない。ときにそれらが社会の実態とかけ離れたものになっているとしても、である。

「平成的なもの」の見え方、感じ方も世代によって大きく異なるはずだ。マイノリティである昭和末から平成後期に物心ついた世代にとって経済成長は所与のものではなくなった。関連して賃金水準や正規雇用、年功序列型賃金、終身雇用といった経済と密接に結びついた社会の諸習慣も同様だ。非正規雇用率は二〇一八年に三七・九％、一五〜二四歳の五〇・二五％を筆頭に現役世代の多くで三〇％前後を推移し、常態化している（総務省『労働力調査（詳細集計）平成三〇年（二〇一八年）平均（速報）』）。

正規職においてさえ賃上げや昇給も自明の存在ではなくなっている。歴史的知識や理論に基づいて反発や理不尽さを感じることはあるかもしれないが、彼らの経験上は「そういうものだ」と認識しているはずだ。彼らが体感する昭和は主に諸課題が山積した超克すべき対象で、時代遅れに思えてならないはずだ。問題は昭和の利点と課題の腑分けができておらず、ともすれば「昭和憎し」になってしまいがちな点だ。

だが平成冒頭にすでに働いていた世代や働くことを意識していた世代からすれば、それらは「失われたもの」だ。そして喪失感ゆえに、慣れ親しんだ昭和の日本型システムに郷愁を抱いたとしてもなんら違和はない。彼らにとっては昭和的なものは超克の対象ではなく、取り戻すべき対象でもある。

社会学者高原基彰は「『自由』と『安定』のジレンマ」と言う（高原基彰『現代日本の転機「自由」と「安定」のジレンマ』NHK出版／二〇〇九年）。高原は戦後日本社会の主流派を、経済を中心とした生活の「安定」という「理念」に見出す。「安定」の理念はバブル崩壊をきっかけに揺らいだものの消え去ったわけではなく、それに代わる「自由」の理念は、日本ではあくまで「安定」を基盤にしたアンチテーゼの存在であったがゆえに確固としたかたちをもって台頭することはなく、様々な被害者意識に基づく「安定」と「自由」の極端なかたちが噴出し、着地点を見い出せずにいるというのが高原の見立てであった。

高原の議論は二〇〇九年にゼロ年代を振り返るかたちで展開されたものだったが、平成末においてさえ我々は思想においても、現実政治においても、未だにこの見えない自由と安定のジレンマに結論を出せずにいるようだ。それどころかますます混迷を深めている。

社会学者アンソニー・ギデンズは著書『左派右派を超えて』のなかで一九九〇年代のイギリスと世界の状況を念頭に置きながら、福祉国家（安定）の護持（保守）に主たる関心を向ける革新（左派）と、従来市場に委ねるべきとされていなかった家族、生存、尊厳といった領域まで、ラディカルなまでに市場に委ねようとする保守（右派）が対峙し機能不全を起こし、構想と方法の不在も重なって、実在する社会問題解決が滞っていると述べている（アンソニー・ギデンズ『左派右派を超えて――ラディカルな政治の未来像』松尾精文、立松隆介訳／而立書房／二〇〇二年）。抽象的には、三〇年遅れで現代日本社会の状況と重なって見える。

冷戦構造の終焉を契機に訪れた変革の時代

このような認識のもと、一九九〇年代を乱暴に総括するなら、政治、経済、社会の各所において、変化の契機が埋め込まれた時期だった。二〇一〇年代以後に結実する政治、経済、社会の外形的改革の契機が各所で用意されていた。

国外に目を向ければ、一九八九年に東西ドイツを隔てたベルリンの壁が崩壊し、冷戦終結の足音が聞こえ始めてきた。一九九一年には旧ソ連が解体され、長く続いた冷戦構造が事実上終焉を迎えた。

フランシス・フクヤマにいわせれば「歴史の終焉」にも思えたが、自由主義か、社会主義かという二項対立の図式が役に立たなくなったことで、世界と安全保障上の構図はいっそう複雑性を増した。覆い隠されてきた地域の諸課題が表出し、国家が向き合うべき相手が国家にとどまらず、非国家主体や超国家主体、NGO、NPO等にまで広がった。

一九九一年の湾岸戦争では、日本も自衛隊の海外派遣や国際貢献のあり方が大きく揺さぶられることになった。「too little, too late」という国際社会の日本評は長く日本政府のなかでトラウマ化し、二〇〇一年の小泉内閣のもとで生じた九・一一米同時多発テロ事件後の特措法を含めた「迅速な対応」に際しての教訓とされた。

一九九三年のマーストリヒト条約発効に伴うEUの誕生や、EUの通貨統合によるユーロの誕生はいずれも一九九〇年代の出来事だった（紙幣発行は二〇〇二年）。

少し時代を遡るが、一九七九年のスリーマイル島原子力発電所事故や一九八六年のチェルノブイリ原子力発電所事故を経て、環境問題とエネルギー問題を同時に解決する「夢のエネルギー」だった原子力発電に対する懐疑も深まっていく。これらは主に欧州において政治主題化するとともに、現実政治においても各所で政治主体としての存在感を増していった。欧州ではいち早く、原発問題、環境問題が科学と市場のみならず、新しいリスクと価値を巡る問題でもあると認識された。対応においても同様だ。

日本政治はどうか。ロッキード事件や一九八九年のリクルート事件などいわゆる政治とカネを巡る数多の問題をきっかけに、世論にも、そして自民党内にも強い危機感が共有され、政治改革の議論が本格化した。結論として、衆議院における小選挙区比例代表並立制導入（初めての実施は一九九六年の第四一回衆議院議員総選挙）、政治献金の制限と政党助成制度等を核とした選挙制度改革が導入された。ただし、これらの移行は決してスムーズに進んだわけではなかった。自民党からは小沢一郎や石破茂といった改革派や若手らの離党が相次ぎ、新党さきがけや新生党という今はなくなった小政党が複数誕生し、議席獲得に成功した。のちに彼らは自民党に復党したり、民主党や民進党に連なる野党で長く存在感を発揮することにもなる。

ジャーナリストの田原総一朗がしばしば言及するように、政治改革の行く末について、令和を迎えた時点で最後の官僚出身の総理大臣である宮沢喜一が「総理と語る」で返答に窮する姿が大きく報じられたこともあって、一九九三年の第四〇回衆議院議員総選挙において自民党の獲得議席数は二二三に留まり単独過半数に届かなかった。

この「嘘つき解散」によって、宮沢総理は自らの発言における整合性の不一致の責任を負うことになった。現代ではすっかり見られなくなった、ある意味では潔さを感じさせる政治家の姿だった。

選挙の結果、本来少数政党である日本新党と新党さきがけが政権構想の主導権を握ることなり、非自民連立政権が登場することになる。一九五五年から続いた自民党と少数政党が対峙する五五年体制の終焉である。

新たな船旅に漕ぎ出した非自民連立政権だが政治基盤が極めて脆弱だったこともあって、細川内閣、羽田内閣、村山内閣はいずれも短命政権で幕を下ろすことになった。村山内閣は事実上初の本格的な社会党政権の誕生であった。従来の社会党の方針を覆すかたちで、自衛隊の合憲性を認め、日米安保の堅持を主張した。日本政府の政治的主張における整合性と正統性は保たれたが、その後の社会党の凋落を加速させたという指摘もある。

村山内閣退陣の間接的な引き金となったのは、一九九五年の初めての大規模都市型災害となった阪神淡路大震災の復旧復興に取り組んだ村山内閣に対する世論の否定的な評価であった。加えて、一九九五年にはオウム真理教事件や函館ハイジャック事件など、政治的判断も迫られる難しい事件も相次いだ。また戦後五〇年のこの年、太平洋戦争中の日本によるアジア諸国への侵略や植民地支配に対する謝罪が「村山談話」として公表され、現在も踏襲されている。

橋本内閣における行政改革の理念

自民党の復活を印象づけたのは、第四一回衆議院議員総選挙であった。初めて小選挙区比例代表並立制が適用された総選挙だった。橋本龍太郎率いる自民党が二三九議席を獲得し再び政権与党の基盤を取り戻した。

政策通としても知られた橋本が総選挙前から強く主張していたのが行財政改革だった。内閣法や国家行政組織法を見ると、意図されていたのは官邸機能と内閣機能の強化であった。少々長くなるが、以下に、いまも官邸ホームページに掲載される橋本改革の目指そうとした姿を参照してみたい。

橋本内閣「変革と創造」～六つの改革

政府は、世界の潮流を先取りする経済社会システムを創り上げるため、次の六つの改革を一体的に推進しています。

●行政改革

規制緩和、地方や民間への業務・権限の委譲を行い、行政をスリム化し、真に国家、国民に必要な行政機能を見極め、国民が求めるサービスを最小の費用で提供できる行政、経済社会の変化に柔軟に対応できる行政を創り上げます。

●財政構造改革

二〇〇三年度(平成一五年度)までに、国及び地方の財政赤字対GDP比を三%以下とし、公的債務残高の対GDP比が上昇しない財政体質を実現すること等を目標に、歳出全般について聖域なく見直しを行うこととしています。

●社会保障構造改革

急速な少子高齢化の進展に伴う国民の需要の変化に適切に応えるとともに、医療、年金、福祉等を通じて給付と負担の均衡がとれ、かつ、経済活動と両立しうる、サービスの選択・民間活力の発揮といった考え方に立った、効率的で安定した社会保障制度の確立を図ります。

●経済構造改革

既存産業の高付加価値化を含めた新規産業の創出に資するよう、資金、人材、技術等の面で環境整備を行います。また、抜本的な規制緩和等によって、産業活動の基盤的要素である物流、エネルギー、情報通信、金融についての高コスト構造の是正を図るほか、企業や労働をめぐる諸制度の改革や社会資本の効率性の向上などにより、我が国の事業環境を国際的に魅力あるものとする改革に取り組みます。

●金融システム改革

二〇〇一年までに、我が国の金融市場がニューヨーク、ロンドン並みの国際市場となって再生することを目指し、金融行政の転換、市場自体の構造改革を図ります。金融市場については、(一)Free（市場原理が働く自由な市場に）、(二)Fair（透明で信頼できる市場に）、(三)Global（国際的で時代を先取りする市場に）の三原則により改革を進めます。

●教育改革

我が国の人材を育成するという視点と同時に、子どもの個性を尊重しつつ、正義感や思いやりなど豊かな人間性や創造性、国際性をはぐくむという視点に立って、教育改革を進めます。

＊首相官邸ホームページ「橋本内閣「変革と創造」～六つの改革」(https://www.kantei.go.jp/jp/kaikaku/pamphlet/p2.html)より引用。

これらの「精神」はまさに第二臨調、中曽根改革の流れを継承し、そしてのちの小泉内閣、安倍内閣で発展し、さらに本格活用されていく諸機能でもあった。

「政治の言葉」としていっそう興味深いのは、橋本行革を推進した行政改革会議の最終報告だろう。「行政改革の理念と目標」として、以下の三点の理念を掲げている。

一、従来日本の国民が達成した成果を踏まえつつ、より自由かつ公正な社会の形成を目指して「この国のかたち」の再構築を図る。

二、「この国のかたち」の再構築を図るため、まず何よりも、肥大化し硬直化した政府組織を改革し、重要な国家機能を有効に遂行するにふさわしく、簡素・効率的・透明な政府を実現する。

三、そのような政府を基盤として、自由かつ公正な国際社会の形成・展開を目指して、国際社会の一員としての主体的な役割を積極的に果たす。

＊「行政改革会議最終報告」(https://www.kantei.go.jp/jp/gyokaku/report-final/I.html)より引用。

これらの理念にはいっそうの詳細な解説が加えられている。法案や関連の進捗は現在主流のインターフェイスや階層の考え方とは適合的とは言えず、若干古びた印象は免れないものの、一九九五年の新語・流行語大賞トップテンに位置づけられた「インターネット」を積極的に活用しながら情報公開を試みた軌跡が見てとれるのが印象的だ。

周知の通り、現在では多くの行政保有情報がオンラインで公開されている。その基盤となっているのがやはり一九九九年に成立、二〇〇一年に施行された行政情報公開法である。その後の拡充を経て、反復継続的に開示がなされた情報についても原則としてウェブサイトで公開されることになった原点はこの時期にある。透明性という意味では、当時厚生大臣だった菅直人が厚生省内に薬害エイズ事件のプロジェクトチームを作って精力的に取り組んで厚生省の不作為を明らかにしたことも特筆しておくべきだろう。

その後、中央省庁等改革基本法によって、二〇〇一年から現在の内閣府、財務省、総務省、法務省、外務省、文部科学省、厚生労働省、農林水産省、経済産業省、国土交通省、環境省、防衛省（当時は防衛庁）の一府一二省庁制へと移行される。

結果、現在に至る政治行政的骨格が完成した。のち、内閣人事局や国家戦略特区法に基づく国家戦略特区制度が取り入れられながら、橋本行革の路線は発展的に堅持されていると考えられる。換言すれば、橋本内閣における統治機構改革の構想力と、実際に一九九八年の中央省庁等改革基本法に結実させた政治行政的手法はさらに検討される余地を残しているようにも思われる（たとえば榎本尚行「行政改革による官邸機能の強化と課題」二〇一八年『立法と調査』No.407等参照のこと）。

その橋本内閣も相次ぐ金融機関の破綻やバブルの名残である住専処理に窮し、直接的には一九九八年七月の第一八回参議院議員通常選挙の敗北の責任を取るかたちで総辞職することになった。

変わりゆく政治とメディアの関係

一九九〇年代のメディア状況を簡潔に振り返っておくと、従来、政治報道の王道だった新聞に加えて、テレビ政治が本格化する時代だと考えられる。ただしここで言う「テレビ政治」とは、テレビ報道が政治の権力監視を担うようになったというよりも、政治がテレビというメディアを本格的に意識するようになったということだ。

一九八五年にテレビ朝日が「ニュースステーション」の放送を開始した。著名なアナウンサーの久米宏をキャスターに据え、わかりやすい報道や演出、久米のパーソナリティを押し出した構成を試みた。この路線は好評ですぐに他局も追従し現在に至っている。

政治報道の重要性が改めて強く認識されるようになったと言える。たとえば一九九〇年代初頭の政権交代ではテレビ東京のキャスターだった小池百合子が日本新党の目玉候補として出馬するなど、テレビ的影響力の活用が本格化する。

報道の政治的中立のあり方と放送事業者の放送免許を巡って、政界、メディアを揺さぶった椿事件もそのひとつの象徴と言える。テレビの政治的影響力を重要視するようになっていたために事件化したと言っても過言ではあるまい。

そうは言っても政治とメディアの関係は伝統的なものであった。新聞、テレビを問わず、記者たちは伝統的な取材を貫徹するために、番記者システムや夜討ち朝駆け等を通して、政治とつかず離れずの特別な「慣れ親しみの関係」を形成していた。それは必ずしも日本のメディアの権力監視機能が弱かったということを意味するものではない。マスメディアも政治とカネに関する問題などを巡って各社の競争関係が問題の深掘りを促進したこともあった。朝日新聞横浜総局のスクープに端を発したリクルート事件の報道が好例だ。

政治と社会を繋ぐ回路が乏しかったこともあって、政治は広く何かメッセージを届けるためにはマスメディアを活用するほかなく、マスメディア関係者に対して仮に彼らが時に不躾な記事を書いたとしても優遇していたし、事実、それだけの力をマスメディアは独占する立場にあった。後知恵にはなるが、その意味と責任については当時あまり顧みられた節はない。

日本の政治報道の不幸な点は現在に至るまでこうした関係性を主にマスメディア関係者が自明視してきたことだ。結果、ネットが台頭し、メディアの環境と力学の変化が生じているにもかかわらず革新的なアプローチに乏しく、権力監視機能の適切な更新を実施できずにいる。令和のジャーナリズムの担い手は明確にならないままだ。

一九九五年には新語・流行語大賞のトップテンに「インターネット」があげられている。コマンド入力を極力排して操作できるOSのWindows95が発売され、パソコン利用の敷居が下がったこと、またインターネット接続が容易になったことがその理由と考えられる。だが、総務省の「通信利用動向調査」によれば、一九九六年の世帯のインターネット利用率はわずか三・三％。現実にはインターネットは社会的に全く認知されたものではなかった。ただしパソコン通信やキャプテンシステムなど類似のネットワークがすでに一九八〇年代から存在し一部で認知されていた。そうは言っても、まだまだマイナーな存在だった。

新語・流行語大賞の講評に「加入利用者数四〇〇〇万人、約一五〇カ国、つまり地球上ほとんどの地域の人とコミュニケーションができる、お化けのような情報交換システム『インターネット』。コンピュータのグローバルネットであり、文字どおり『国際化』は現実のものとなった」との記述があるように、インターネットに新しい時代の萌芽を見出そうという社会の機運もまた確かに存在した。インターネットは辺境だったのだ。

このように、乱暴に政治とメディアの出来事を振り返るだけでも、一九九〇年代を通して多くの日本社会の実態的な変化のきっかけが埋め込まれた。ただし、バブル経済が崩壊し、GDP成長率が一％程度で推移する「失われた一〇年」になったとはいえ、戦後長く蓄積した富の余裕がまだ日本社会を支えていた。また人々もこれから長いデフレとその後の経済的な低迷期に突入するとは思っていなかったのではないか。

社会学者の宮台真司は「終わりなき日常を（まったり）生きろ」と言った（宮台真司『終わりなき日常を生きろ――オウム完全克服マニュアル』筑摩書房）。今から振り返れば実に言い得て妙だ。右肩上がりの経済成長が期待できなくなった時代＝「終わりなき日常」の時代において、オウム事件や神戸連続児童殺傷事件のような他者や社会の破壊に走ることなく、他者侵害に至らない様々な享楽を消費しながら、まったりとサバイバルせよ、というメッセージはまさに時代精神の正鵠《せいこく》を射たし、現在ですら一顧に値するはずだ。

一九九〇年代の変化の萌芽が本格的に花開くのは二〇〇〇年代以後のことであった。経済のみならず人口増は終焉し、統治機構の中央集権化や、小選挙区と無党派層の存在にあわせた選挙戦略の発展や自民党の変容、メディア環境と力学の現実の変化が生じるのも軒並み二〇〇〇年代以後のことである。

この時代に新語・流行語大賞はどのような政治の言葉に注目したのだろうか。以下、「『現代用語の基礎知識』選 ユーキャン 新語・流行語大賞」(https://www.jiyu.co.jp/singo/) のサイト内の「過去の授賞語」を通じて論評してみたい。

「NO」と言える日本／セクシャル・ハラスメント
——経済的卓越性の背後にある脆弱さ

※「NOと言える日本」平成元年（一九八九年）特別部門・語録賞　石原慎太郎（作家）／石原慎太郎と盛田昭夫の共著『「NO」と言える日本』が大ベストセラーに。強い日本経済を背景に協調路線一本やりから強気の外交にシフトすべし、といった内容に反響は凄まじく、「NOと言える○○」という言い回しが盛んに使われるようになった。

※「セクシャル・ハラスメント」平成元年（一九八九年）新語部門・金賞　河本和子（弁護士）／女性が酔漢を転落死させてしまった西船橋駅転落事件の無罪判決が出たこの年、弁護士の河本和子氏が女性にしつこく絡んだ酔漢の「女性蔑視」の発想を指摘し、この言葉を使用。欧米ではすでに社会問題化していた「セクシャル・ハラスメント」が、日本でも広く認知されるようになった。（＊肩書きは受賞当時、以下同）

『「NO」と言える日本』というタイトルはまさにバブルの頂点に向かおうとする日本の上り調子を反映したものだ。未来学者ハーマン・カーンの日本礼賛本が翻訳されるなど、伏線はそれ以前から存在した。平成最初の年はこのような勢いのある言葉で幕を開ける。プラザ合意による急激な円高で海外渡航者が一〇〇〇万人に達し、竹下内閣において二年をかけて各市町村に計一億円を提供するという「自ら考え自ら行う地域づくり事業」、通称「ふるさと創生一億円事業」といった怖いものなしの感すらある政策が取り入れられた大胆な時代だった。しかしその背後で消費税（三％）が導入されるなど、財政再建に向けた配慮の片鱗も見られる。しかしその盛り上がりは石原慎太郎という作家が端的に象徴するような男性的視点に偏っていたとは言えないか。

平成元年の新語部門の金賞は「セクシャル・ハラスメント」であった。ソーシャルメディアを通した米映画界のセクハラ告発で火がつき、日本でも広がった「#me too」、派生した「#we too」などのムーブメントが象徴するように、性的ハラスメントを巡る問題を日本社会は平成の時代を通して十分には解決できなかった。一九八五年に女子差別撤廃条約に批准するために男女雇用機会均等法が制定されたが、実態がまったく追いついていないことは度重なる同法の改正や今なお続く様々な男女の社会的な非対称性が物語っている。『「ＮＯ」と言える日本』と「セクシャル・ハラスメント」が同時に授賞語となっている点は、平成という時代の幕開けとともに、表層の、つまり経済的卓越性の背後にある脆弱さが同時に予見されていたかのようでとても興味深く見える。

“ブッシュ”ホン
――変わらぬ対米従属関係の皮肉

※平成二年（一九九〇年）新語部門・銀賞　岡崎守恭（日本経済新聞社政治部）／一九九〇年八月に湾岸危機が勃発。当時の海部俊樹内閣はその対応に為す術なく右往左往していた。日本を思惑通りに動かそうとするアメリカは、ブッシュ大統領から海部首相へ繰り返し電話をかけてきたが、海部はブッシュからの電話があると俄かに元気づくようになり、「プッシュホン」をもじったこの造語が大当たりとなった。

リクルート事件で引責した竹下首相に続き、宇野政権は自身の女性問題も災いし短命に終わった。緊急登板的にその後を継いだのが清廉なイメージを有する海部俊樹であった。湾岸戦争と日本の対応の決断の遅れは「普通の国」論争を招来した。

結局、決断を後押ししたのはアメリカからの強い要請だった。この要請によって巨額の資金が拠出されることになった。政治的には現在に至るまでこうした日米の力学は継続している。「NOと言える日本」という断言が単なる虚像であったことが露呈した。

今も我々はアメリカの意向次第で喫緊の必要性がいまひとつ明確にならない「次世代戦闘機」を大量に購入する。それどころかアメリカの威光を背景にする政治すら堂々と行われるようになっている。例えば在日米軍普天間基地の名護への移設はすでに事実として二〇年も先延ばししてきたにもかかわらず、「これ以上、アメリカとの約束を先延ばしできない」ことを理由に完成が見えない工事が沖縄県民の意思に反して続けられている。

余談だが、のちの小渕首相が自ら各方面に電話をかける様を評した「ブッチホン」はこの「ブッシュホン」をもじった表現でもある。「NO」と言えずとも、せめて、国民が納得できる交渉の手腕が見たいものである。そういう時代は現代においてさえ、随分先のことになりそうに思えてならない。

重大な決意
――「決意」も「言葉」も軽くなる一方の政治家たち

※平成三年（一九九一年）流行語部門・銀賞　石破茂、簗瀬進、今津寛、佐藤謙一郎（衆議院議員）／リクルート事件、共和事件などの疑獄事件が相次ぎ、政治不信が高まる中、一九九〇年の総選挙で大勝してみせた海部政権だったが、目玉の政治改革関連法案が審議未了廃案となり、これを受けて海部首相は「重大な決意で臨む」と発言。廃案に抗議していた自民党改革派若手四人衆は海部発言を解散の意と受け取り、猛反発した。突如として「海部降ろし」の大波が広がり、海部はあっさりと内閣総辞職に追い込まれてしまった。

相次ぐ政治とカネの問題で解決の先行きが見えないことに対して、自民党内で当時の若手たちが問題提起を行い、結果的に自民党分裂に至る。石破茂は非自民連立政権の時代を経て、再度自民党に合流し、再び自民党総裁の座を狙おうかというところまで上り詰めている。それに対して、今の自民党の若手はどうか。

確かに当時の政治とカネとは性質が異なるし、派閥の存在感も同様だ。だが、安倍政権後期になって統計不正や自衛隊日報の隠蔽疑惑、森友学園問題に加計学園問題など、ここにきて疑惑は枚挙にいとまがない。大臣も経験した自民党重鎮は政治資金収支報告の辻褄が合わず、何度も修正を繰り返している。

政治家の言葉はすっかり軽くなり、整合性が取れなかったとしても平然としている。小泉進次郎グループなどを除くと、自民党内で若手の存在感は薄く、全くと言っていいほど独自の言葉も聞こえてこない。国会議員は多くの場合政党に所属するが、しかし憲法第四三条に「両議院は、全国民を代表する選挙された議員でこれを組織する。」と記されるように、すべての国民を代表する存在だ。

国民益に叶うような行動と言説を期待するとともに、時と場合によっては当時の若手四人衆のように政治の変革も辞さない気概を持ってもらいたい。

Time for change
――他国の「変革」を羨望するだけの日本政治

※平成四年（一九九二年）特別語部門・特別賞　アメリカ合衆国大使館／一九九二年の米大統領選で「変革」という錦の御旗を高々と掲げたビル・クリントンは、米国民から熱狂的な支持を受け、選挙前の予想をひっくり返して見事に勝利した。クリントンの「変革」への熱意は日本にもたちまち感染していった。

一九九二年、ビル・クリントンが米大統領に就任する。いつの時代も「変革」が肯定される土壌を持つ米国と、「安定」を軸に据えながら、右隣の「変革」を羨望の眼差しで見つめてきた我々の社会のコントラストが鮮明に浮かび上がる。クリントン政権下において、IT企業の台頭などで経済が息を吹き返す。いわゆる「ニュー・エコノミー」の台頭である。もちろんITバブルはのちに日本にも波及するが、日本経済には本当の意味で、新興経済主体が経済の活力を牽引する「ニュー・エコノミー」の時代は到来していないのではないか。それどころか超克すべき対象だったはずの護送船団方式が、権限集中とともに官邸主導のトップダウンを名目に息を吹き返し、市場原理とは全く異なる選択と集中を行っているようにさえ見えてくる。形式は違えども、政治も経済界も既得権益の箸の上げ下げばかり気にしている。だったら、いっそそのようなかたちばかりの理念は捨て去るべきだ。

規制緩和
――新規参入者に厳しい不合理な「改革」

※平成五年（一九九三年）流行語部門・金賞　青木定雄（ＭＫタクシー会長）／高度成長を支えた護送船団方式による業界保護は時代の変化とともに無用の長物となり、むしろ政・官・業一体となった規制の存在が経済の発展を阻害する要因となっていた。そんな中、タクシー業界の運賃体系に疑問を持った京都・ＭＫタクシーが運輸省（現国土交通省）の

行政指導に単独で立ち向かい運賃値下げを勝ち取った。

二〇一二年に再び政権に返り咲いたときの安倍政権の経済政策の名前は「アベノミクス」。その構成要素を「三本の矢」と呼んだことはかなり忘却されているようにも思われる。「三本の矢」を構成したのは「大胆な金融政策」「機動的な財政政策」「民間投資を喚起する成長戦略」だった。三本目の成長戦略の一丁目一番地が岩盤規制の突破であった。

よく知られる通り、日本のタクシーは強固な規制が存在する。個人の乗用車を使った有償の人の輸送、いわゆる白タクは違法行為で、Uberのように世界的に広まったライドシェアも日本では未だ違法行為のままである。国家戦略特区の有効性も言われるが、ライドシェアと同様にいわゆる一般の住宅への宿泊する民泊が二〇一八年、住宅宿泊事業法によって部分的に合法化された。営業日数に一八〇日の上限規制が設けられ、民泊事業者が利益を上げにくい仕組みになっている。

合理性を理解しがたい規制「改革」に至ったのは、従来のホテルや旅館等の事業者と利益団体による働きかけの影響が大きい。規制改革が行われたものの、新興事業者が利益を上げにくい環境になっている。言い換えれば既存事業者にとって有利だ。

現在より、遥かに国の存在感が大きかった当時、ＭＫタクシーが規制官庁のみならず同業者から有形無形の多くの嫌がらせを受けたことはよく知られている。日本では不文律に挑戦するとしばしば高い代償が求められる。岩盤規制ならぬ空気の規制改革は未だ手付かずのままだ。

就職氷河期
――「弱者としての若者」を生み出したバブル崩壊

※平成六年（一九九四年）審査員特選造語賞　長薗安浩（就職ジャーナル元編集長）／雑誌『就職ジャーナル』が一九九二年一一月号で提唱した造語。バブルの崩壊後、企業の新規採用は落ち込み、一九九三年には有効求人倍率が一を下回った。以後、就職難は長期的、本格的となり、フリーターや派遣労働など非正規雇用で働く若者が激増した。

バブル崩壊の影響は日常生活にも大きな影響を与えることになった。就職氷河期の影響を被ったのは一九七〇年生まれの世代が中心であった。就職氷河期はこの後二〇〇〇年頃まで継続した。就職氷河期が団塊ジュニア世代の大卒就職活動の時期と重なった影響は現在にまで長く尾を引いている。

二〇〇万人を超える出生数で、一〇〇万人を割り込んだ二〇一〇年代末の出生数のおよそ二倍超といった存在である。就職氷河期によって、非正規雇用につかざるを得なかったものが少なくなく、賃金水準もちょうど落ち込んでいる。

また少子高齢化は以前から予測されていたにもかかわらず、就職氷河期世代が子どもを産むのに適した年齢でいるあいだに少子化対策や働き方改革が全く間に合わなかった。結果、親の数が少なくなってしまったため、これから日本社会は少なくとも数十年から一〇〇年単位での人口減少が運命づけられたと言っても過言ではない。

その意味では、今なされているそれらの対策はいずれも焼け石に水で、しかも少子化に歯止めをかける顕著な効果は明らかになっていないという問題も残されている。「就職氷河期」の到来は、のちに二〇〇〇年代になって以後、従来の日本型の勤労モデルや標準世帯モデルではうまく説明できない「弱者としての若者」が「発見」され、当事者から提唱されていくことになる異議申し立てに繋がっていくのであった。

無党派
――小選挙区比例代表並立制は何をもたらしたのか?

※平成七年(一九九五年)年間大賞　青島幸男(東京都知事)/東京都知事選で青島幸男、大阪府知事選では横山ノックが、ともに無所属のまま、圧倒的基盤を持つ政党推薦候補を打ち破って大勝。「無党派」として持ち上げるメディア、数合わせだけの政党連合にNOを突きつける選挙民に、既存の政党は対抗することもできなかった。

翌一九九六年の衆議院議員総選挙から、小選挙区比例代表並立制が導入されることが決まっていた。そのなかで、東京、大阪という要の地方選挙で、それぞれ一七〇万票、二三五万票を獲得して無所属のタレント首長が誕生した。メディアは「無党派」を発見し、その政治的選択の行動原理を知ろうと試行錯誤を始めた。既存政党においても、伝統的な政治に対する不信感が徐々に強固なものになっていく。その流れを受けて、各政党や候補者も徐々に無党派層を取り込む戦略と戦術の開発に注力するようになっていった。日本におけるインターネット選挙運動の解禁もその文脈に位置づけると理解しやすいはずだ。現在までのところ、日本におけるマクロの投票傾向がネットによって変化したという実証的な定説は管見の限り共有されていない。

友愛／排除の論理
――矛盾を抱えながら「友愛」を掲げた寄せ集め政党

※平成八年（一九九六年）年間大賞　鳩山由紀夫（民主党代表）／新しい政党スタイルを目指す民主党の代表・鳩山の言葉が新風を巻き起こしたのがこの年。友愛を掲げる一方、「排除」の言葉で安易な寄せ集まりを拒否し妥協しない姿勢も見せて好感を得た。

政治の言葉は繰り返し首をもたげてくることがあるから不思議である。いま「友愛／排除の論理」と聞くと、二〇一七年の衆院選における民主党の流れを汲んだ、当時の民進党の分裂劇を思い出す人が多いのではないか。小池百合子東京都知事が主導した希望の党構想に民進党を解党して合流する機運が生じた。その過程で、小池と希望の党に合流した細野衆議院議員が民主党政権の要職を担った人物らの合流は認めず、選別の実施を口にした。それらが排除の論理と呼ばれたのだった。小池の妙ににこやかな発言の瞬間が繰り返し報道された。

「元祖にあたるこちらの「排除の論理」は民主党が結党した一九九六年の年間大賞に選ばれている。民主党の結党にあたって、鳩山と菅直人が社会党や新党さきがけの要職に就いた者の合流を強固に拒んだ様を指して用いられた言葉だ。

もし当時、首相を経験した村山富市や女性で初めて衆議院議長を務めた土井たか子、そして自民党に回帰し要職を務める武村正義らを包摂していたら、民主党とその後の野党や政権はどうなっていただろうか。歴史にＩｆはないというが、「友愛」を掲げた野党の雄は結党時から矛盾を抱え、寄せ集めでありながら自民党のような包括政党になりきれなかった事実は記憶に留めたい。言い方を変えると、筆者も含め、年長世代の有権者向けに、次は同じ轍を踏まない具体的な行程表を野党は示してほしいものである。

日本版ビッグバン
――グローバリズムへの過剰適応という悪癖

※平成九年（一九九七年）松井道夫（松井証券社長）／一九八六年にイギリス・ロンドンで証券市場の大改革、いわゆる「ビッグバン」が行われた。日本も国際金融市場として復権するためには従来の護送船団方式を抜本的に改革する「日本版ビッグバン」が不可欠となり、橋本龍太郎内閣が金融改革に着手した。そんななか、いち早く株の売買手数料を一挙に五〇％引き下げ、ネット証券の先駆者ともなった松井証券が「日本版ビッグバン」の実質第一号として高く評価された。

我々は今も昔もグローバル・スタンダードを過剰に好み、政治も、行政も何かあれば

「グローバル・スタンダード」を金科玉条のごとく口にする。グローバル・スタンダードに過剰適応しようとする一方で、非スタンダードゆえの強みや特徴を容易に捨て去ろうとするから不思議である。優位に立つことができないグローバル化にどのような意味があるのかは定かではないが、とにかく幻想の「グローバル・スタンダード」への形式的適応に邁進する姿は今も昔も変わらない。

日本列島総不況

――平成社会を覆い尽くした終わりなき喪失感

※平成一〇年（一九九八年）トップテン選出　堺屋太一（経済企画庁長官）／不良債権を抱えた金融機関による「貸し渋り」「貸し剥がし」が社会問題化するなど、日本の経済低迷がますます深刻化していたこの年、小渕内閣の経済企画庁長官に就任した作家の堺屋太一は日本経済の状況を「停滞」ではなく「低迷」と表現し、国全体を指して「日本列島総不況」

と断言し注目を集めた。

山一證券といった金融機関の不正発覚や破綻も相次ぎ、長期不況の常態化に対する危機意識が鮮明になった。公的機関に目を向けても、大蔵省（現財務省）の大型接待汚職事件が発覚する。そうは言っても「失われた一〇年」がまさかその後二〇年となり、平成後半を通して社会学者の宮台真司が述べた「終わりなき日常」と化するとは考えられていなかったはずだ。

戦後社会が築き上げてきたまさに政治、経済、社会の日本型モデルの綻びが目立つようになった。ただしそれだけにいまから振り返るなら、少子高齢化対策や働き方改革等の手を打っておけば良かったのではないかと思えてならないが、ほぼ無策のままであった。後の祭りというものである。

結局それらが本格化するのは平成の末まで待たねばならなかった。今から思えば、一九九〇年代末の日本にはまだずいぶん余力が残されていたのである。

iモード

——社会を大きく変容させた「i」の影響力

※平成一〇年（一九九九年）トップテン選出　立川敬二（NTT移動通信網・代表取締役）／一九九八年にアップル社からiMacが発売され大きな反響を呼んだ。iMac人気を受けて日本では小文字の「i」を冠した商品が続々登場した。NTTドコモのインターネットに接続できる携帯電話サービス「iモード」が代表例だが、カメラや本など、インターネットとは直接関係がない商品にまで「i」が付けられるほど大流行した。

一九九九年のパソコン普及率は二九・五％、インターネット普及率が一九・一％。一九九五年よりは普及したが、まだまだパソコンもインターネットもマイナーな存在であった。そこに颯爽と登場したのが、iモードだった。携帯電話でインターネットにアクセスするという新しいチャネルを切り開くのであった。それによってショートメッセージではなく、電子メールを携帯電話で送ることができるようになった。いまの水準からするとチープだが、ウェブブラウズが可能になった。重くて、起動に時間がかかるパソコンを開かなくても、インターネットを常時携帯できるようになった。

現在ではインターネットアクセスはすでにスマートフォンからのアクセスがPCからのそれを上回った。iモードはその原点だ。世界ではじめての携帯電話「iモード」だったが、すでに二〇一〇年代半ばに新規機種の開発が終了し、スマートフォンにその地位を譲ることになった。現在の若い世代が「i」と聞いて想起するのは、「iモード」ではなく「iPhone」の「i」だろう。だが、二〇年前には「i」といえば、インターネットと「iモード」を思い浮かべたものである。

iモードに代表されるインターネットアクセス可能な携帯電話が人々の主要なコミュニケーションデバイスになったことで、メディアの力学、コミュニケーションの様式、マーケティングの重心は大きく変容する。だがそれらの変化が本格的に政治に影響するようになるのは、やはり二〇〇〇年代以後のことなのである。

一九九〇年代の日本社会を思うとき、筆者はつくづく不思議なことがある。当時の日本は今から思えば、令和の時代を生きていく我々が抱える諸課題を比較的容易に解決できるポテンシャルが残されていた。経済的地位然り、人口問題然りである。とくに後者はもっとも「当たりやすい予測」と言われるだけに、無策が現在の苦境を生み出している。もちろんこれらは完全な後知恵だ。「バブルの渦中にはバブルに気付かない」とも言う。

だが当時、政治的理由、行政的理由によってできなかった変革の選択を、これから我々の日本政治が選択できるのかと問うてみると、いささか暗澹たる気持ちになってくる。

総じてみれば、当時構想された路線は――そしてこの間、各所で顕著に日本の競争力を削いできたにもかかわらず――与野党の構図もほとんど変わらないままで選択できると考えられるのだろうか。我々の社会はもっと政治に近づき、病巣を直視し、まずは平成日本の諸課題の所在についての腑分けから出発しなければならないのではないか。

第二章

劇場型政治とカリスマ

——小泉「ワンフレーズ・ポリティクス」の影響力

移行と試行錯誤の時代

二〇〇〇年代は過渡期の時代であった。一九九〇年代のバブル崩壊や就職氷河期、証券会社の破綻、自民党政治の終焉と復活等、変化の兆しはありつつもそれらは本格化していなかった。変化が急速に具体化するのが二〇〇〇年代に入ってからである。変化は小刻みに生じ、不安定なものであった。政治に限定しても、二〇〇〇〜二〇〇九年の自民党出身の総理大臣は小渕、森、小泉、安倍、福田、麻生と実に六人に及ぶ。そのうち小泉内閣は五年余りの期間であったわけだから、小泉を例外視するなら、それ以外の内閣は平均しておよそ一年程度の在任期間だったことになる。

本書の冒頭でこの期間を「移行と試行錯誤の時代」と評したが、ポスト昭和、つまり平成の時代が本格化するための試行錯誤がなされていた時期と言えよう。政治の内的システムのみならず、メディア環境もインターネットを中心としたものへと本格的な移行が始まる。一九九〇年代におけるインターネットは実在するメディアというよりも何でもそこに重ねてみることができるバズワードであった。技術の水準や普及率の観点からしてもごく一部の先駆的なユーザーやビジネスで利用されているに過ぎず、まだ広く政治やメディア、社会に大きなインパクトを与えるには至らなかった。

だがモバイル化や普及率の向上、さらに回線の大容量化と高速化、いわゆるブロードバンド化が進んだことで状況は変化し始める。少し振り返るかたちで、二〇〇九年に公開された総務省の平成二一年版『情報通信白書』を紐解いてみたい。

同白書によれば、二〇〇〇年（平成一二年）のインターネット普及率は三七・一％、それが二〇〇二年に初めて人口普及率が五〇％を上回り（図②）、二〇〇八年末には七五・三％になった。「ブロードバンド」を「ケーブルテレビ回線（CATV）、固定無線回線（FWA）、第三世代携帯電話回線、光回線（FTTH）、DSL回線のいずれか」の利用とみなしているが、利用者は二〇〇二年には約一四〇〇万世帯だった契約数が、二〇〇八年末には倍増し三〇〇〇万世帯にまで普及している（図③）。

また、二〇〇〇年には八〇％程度だった携帯電話は九五・六％にまで普及したこと（図④）、二〇〇一年には二〇％程度だった携帯電話からのインターネット接続が二〇〇八年には六二・六％にまで増加したと記している（図⑤）。

ちなみに二〇〇八年には、日本においてスマートフォンの代名詞ともなったiPhoneがAppleによって発売される。二〇〇〇年代冒頭には、かつて有名なインターネット時代の

図② インターネットの利用者数及び人口普及率の推移

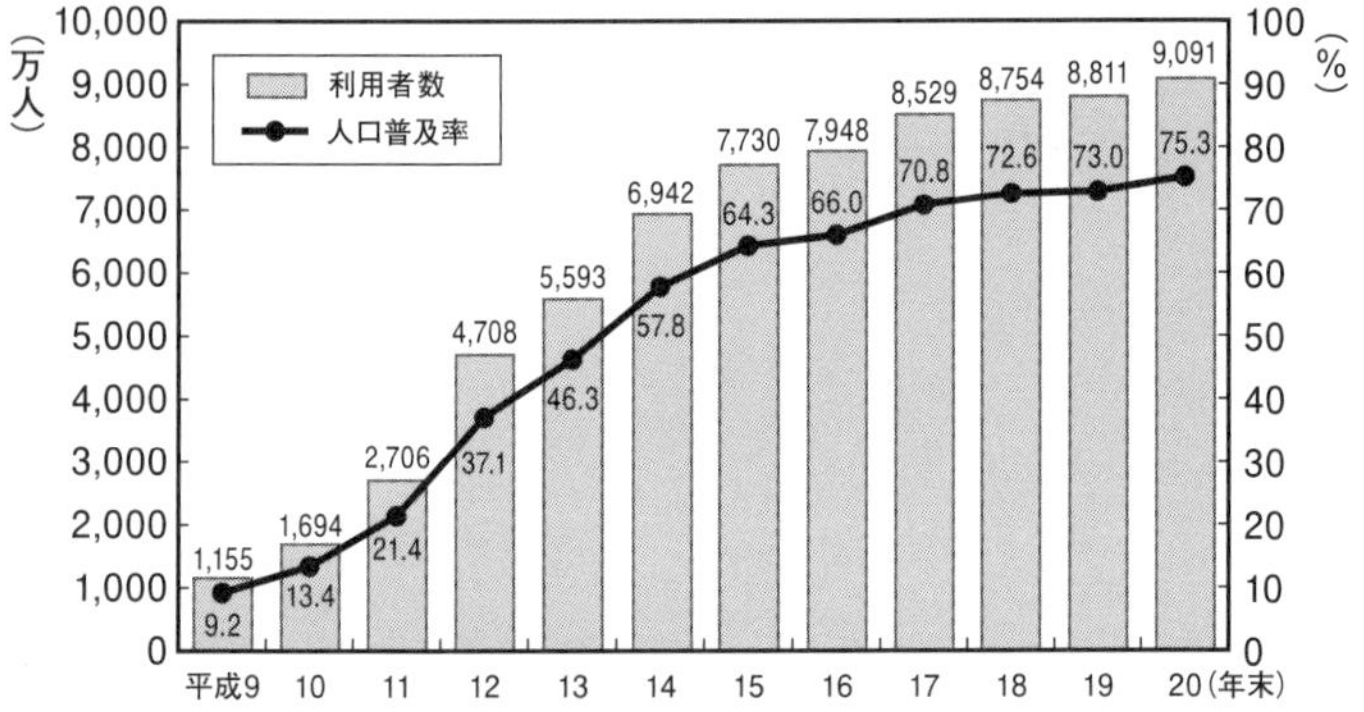

※①平成9～12年末までの数値は「通信白書（現情報通信白書）」から抜粋　②インターネット利用者数（推計）は、6歳以上で、過去1年間に、インターネットを利用したことがある者を対象として行った本調査の結果からの推計値。インターネット接続機器については、パソコン、携帯電話・PHS、携帯情報端末（PDA）、ゲーム機等あらゆるものを含み（当該機器を所有しているか否かは問わない。）、利用目的等についても、個人的な利用、仕事上の利用、学校での利用等あらゆるものを含む　③平成13年末以降のインターネット利用者数は、各年における6歳以上の推計人口（国勢調査及び生命表等を用いて推計）に本調査で得られた6歳以上のインターネット利用率を乗じて算出（平成14～19年末については、世代別に算出して合計）　④平成13年末以降の人口普及率（推計）は、③により推計したインターネット利用人口を国勢調査及び生命表を用いて推計した各年の6歳以上人口で除したもの　⑤調査対象年齢については、平成11年末まで15～69歳、平成12年末は15～79歳、平成13年末以降は6歳以上

総務省『平成21年版 情報通信白書』
（http://www.soumu.go.jp/johotsusintokei/whitepaper/ja/h21/html/l4111000.html）より引用

図③ ブロードバンド契約数の推移

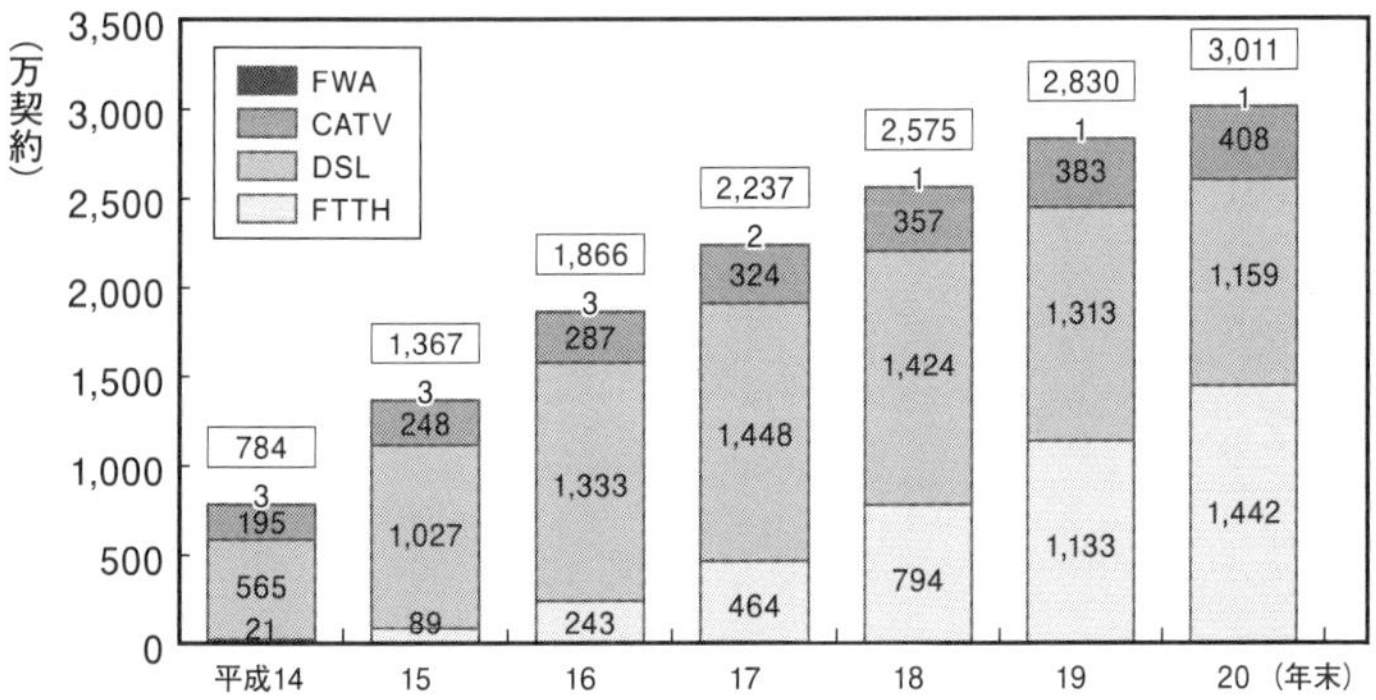

総務省『平成21年版 情報通信白書』
（http://www.soumu.go.jp/johotsusintokei/whitepaper/ja/h21/html/l4111000.html）より引用

図④　情報通信機器の世帯普及率の推移

ネット接続可能なゲーム機、テレビ、家電が着実に普及しつつある

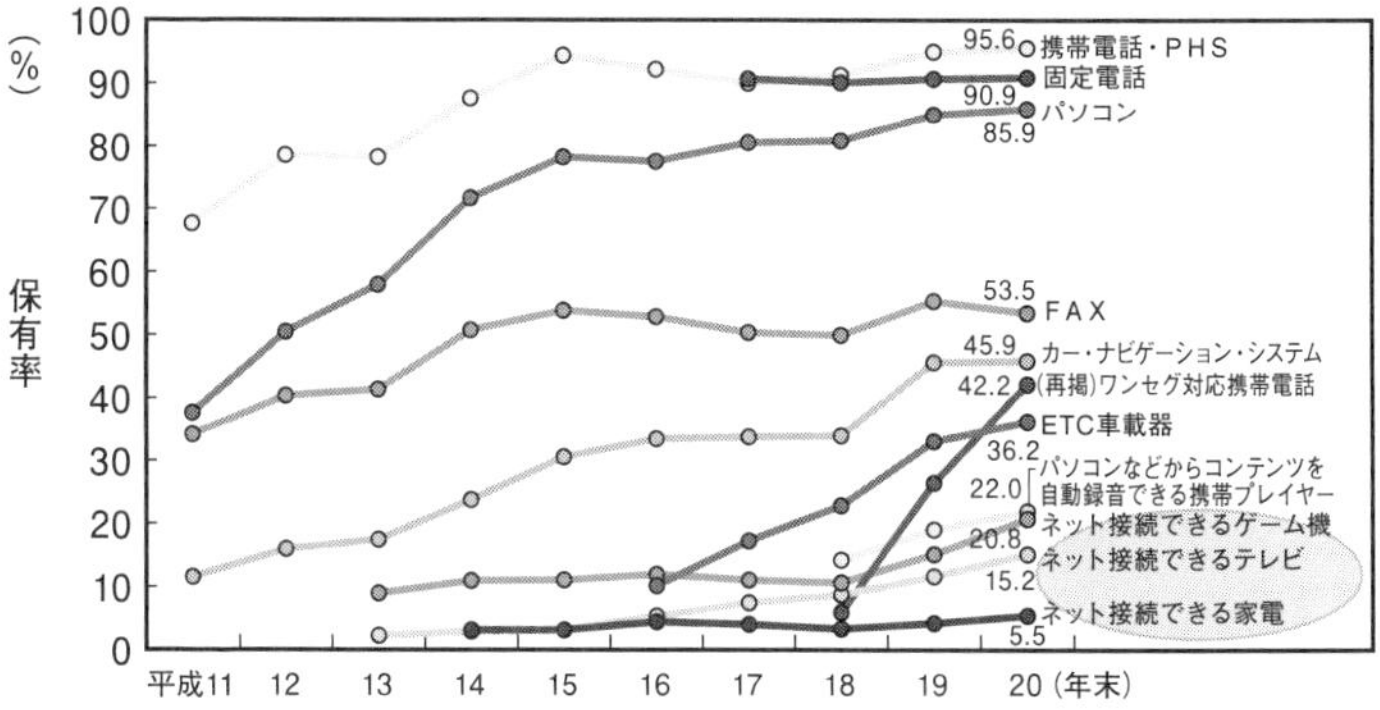

総務省『平成21年版 情報通信白書』
(http://www.soumu.go.jp/johotsusintokei/whitepaper/ja/h21/html/l2131000.html) より引用

図⑤　インターネット利用端末別の利用率の推移

携帯電話・PHSからのインターネット利用がパソコンからの利用に迫る勢い

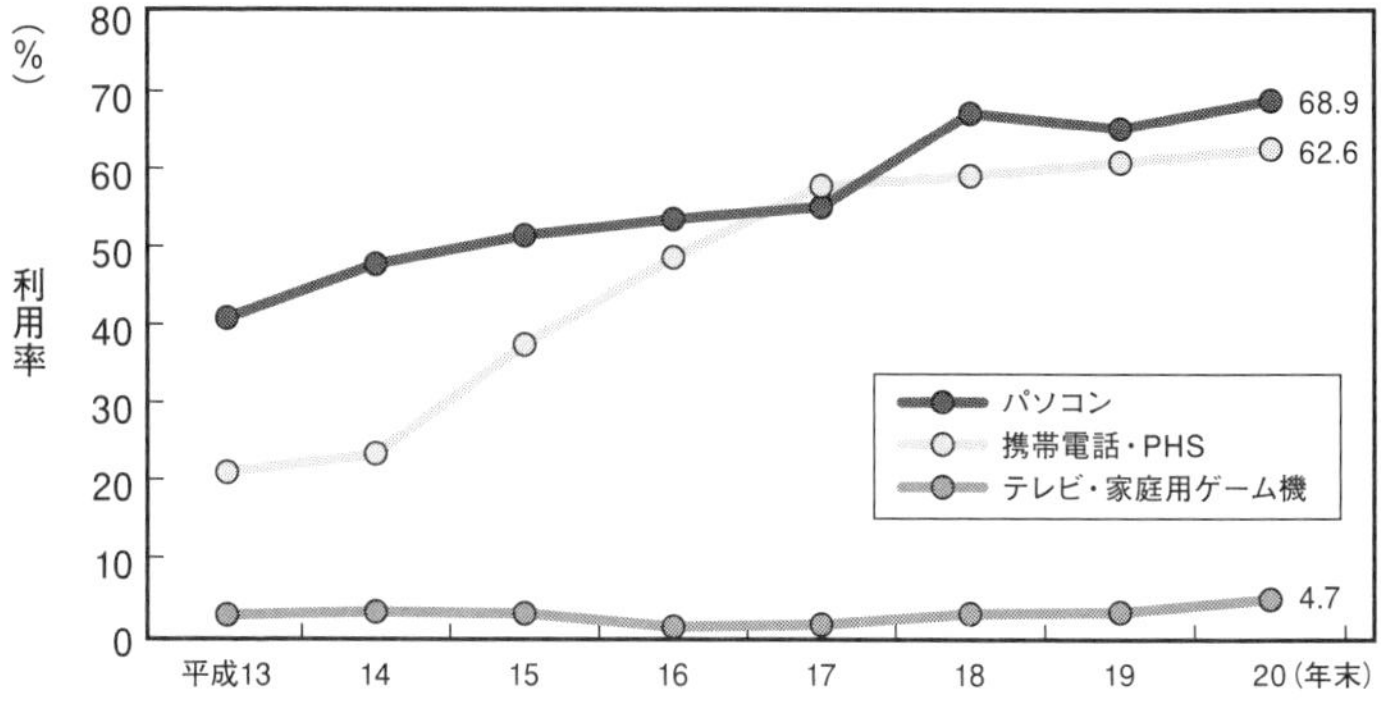

※利用率＝各利用端末からの利用者数÷6歳以上人口×100

総務省『平成21年版 情報通信白書』
(http://www.soumu.go.jp/johotsusintokei/whitepaper/ja/h21/html/l2131000.html) より引用

ビジョナリーであったハワード・ラインゴールドはインターネットとネット接続可能なモバイル機器（携帯電話）普及の社会的インパクトと世界的な未来像を描くのに、日本の渋谷と女子高生の描写からはじめている（ハワード・ラインゴールド『スマートモブズ――〝群がる〟モバイル族の挑戦』NTT出版／二〇〇三年）。

しかし日本型モバイルは先駆的ではあったが、国際標準となることはなかった。二〇一〇年代にその地位を得たのがiPhoneとGoogleのAndroidを搭載したスマートフォンだったが、この時期にはまだゲームチェンジは深刻には認識されていなかった。

いずれにせよ、二〇〇〇年代を通して、インターネットは標準的な日本のインフラとなっていったが、その移行過程において多くの試行錯誤がなされたと推論することができる。

政治とメディアの共犯関係

メディアと政治の関係や、さらに社会や民意との関係も同様に考えることができるはずだ。二〇〇〇年代の政治と言葉を考えるにあたって、さしあたり長期政権だった小泉内閣とそれ以外を分けて考えられる。小泉内閣は新しい政治と言葉の使い手だった。小泉は小選挙区制がはじめて導入された一九九六年の総選挙に勝利した橋本龍太郎に二〇〇一年の自民党総裁選で競り勝ち、自民党総裁、そして首相の座を射止めている。在任期間中、新語・流行語大賞に多くの小泉、そして小泉内閣の言葉が取り上げられていることからしても、小泉の発する言葉が政治の世界に限らず、広く支持された様子が伺える。

「劇場型政治」という言葉は政治家に向けられるべきなのか、それとも政治家の特定の発言を切り取り伝えるメディアに向けられるべきなのかと考えてみると、評価は意外と難しい。小泉を除くと、多くのマスコミは相次いだ政治家らの失言を辛辣《しんらつ》に評価しながら報じていた。ノミネートされた言葉を通して見ていくと、その様子が垣間見えてくる。

二〇〇〇年初頭において、新たな手法が模索されていたが、それでも選挙運動の主要な戦場はマスコミだった。新聞は少しずつ部数を減少させていたが、テレビの存在感は大きかった。なかでも情報番組、いわゆるワイドショーでの「取り上げられ方」が重要視されるようになった。情報番組ほどじっくり検討する時間的余裕もなく、専門性やチェック体制も十分ではない一方で、一定の視聴者が期待できる点が政治に期待された。そこに訴求する「テレビ政治」の手法が模索される一方で、テレビ側の警戒感は当時、まだまだ乏しかった。

話を聞く限りでは、この時期、小泉的なものにマスコミが加担しすぎたという話はメディア業界、とくにテレビ業界では共有されてもいるようだ。小泉が発する言葉は、短く、歯切れがよく、テレビで映えた。言い換えると、短いゆえに編集しやすかったとも言えるし、コメント等を通じて多義的な解釈や演出が可能な余地があった。

そのような事実は薄々メディア関係者には理解されていた。しかしわかっていても止められなかったのである。実際の日々の選挙運動や政治活動と言葉は、絶妙な相互補完関係に置かれていた。「刺客」や「抵抗勢力」などといった言葉もそうだ。「ワンフレーズ・ポリティクス」は政治に対する定見に乏しく、振れ幅が大きな無党派層に訴求する効果的な手法だった。我が国において、もっともわかりやすく、政治マーケティングとイメージ政治が露呈した時代だ。現在のメディア政治／政治メディアと直接連続する時代でもある。

政治とメディアが共犯関係となった時代に「政治の言葉」として何が語られたのかを改めて見ていくことにしよう。

ＩＴ革命
――社会変革への期待感に包まれた言葉

※平成一二年（二〇〇〇年）年間大賞　木下　斉（早稲田大学高等学院高校三年）／コンピュータの高性能化、低価格化と通信の大容量化、高速化が進み、電子商取引も急速に拡大していった。情報技術（Information Technology）分野での劇的な進化が国家や社会、産業界を含め世界規模で大きな変化をもたらした。まさしく「革命」の名にふさわしい社会変革の時代だった。

二〇〇〇年代に入って、「インターネット」は単なるバズワードではなくなった。職場、家庭への本格的普及を見せ始める。静止画や動画を比較的高速にやり取りできるブロードバンドが事実上の標準的なインフラとなったことの影響や「ＩＴ立国」を掲げて、官民挙げた取り組みや先に言及した「ｉモード」を始めとするインターネット接続可能な携帯電話の爆発的普及が功を奏した。任期中に急死した小渕首相の後を密室の合議で継承し、「神の国」発言など失言が相次いだ当時の森喜朗首相はこの「ＩＴ」を「イット」と発音し失笑を買った。だがそれでも二〇〇〇年代前半の日本はビジネス、社会、文化の面で明らかにインターネット先進国であった。二〇〇〇年の年間大賞に「ＩＴ革命」が選ばれているのはまさに当時の雰囲気や期待感を物語っている。確かに「インターネット」には、日本社会の負の部分を迅速に解決してくれそうな予感があった。その予感は相当程度、素朴なものであったが、二〇〇〇年代にはブログのヒット、ソーシャルメディア、ＳＮＳの流行と普及、ＡＩブームなど、幾度かの同種の技術的、社会的な盛り上がりが繰り返されることになる（仮想通貨や自動運転、共有経済（シェア）的なものなども該当すると考える人もいるだろう）。

しかし現在ではそれほど楽天的に、しかも短期間に日本の政治や社会をインターネット関連技術がより良い方向に変えてくれるという感覚を持つことは難しいのではないか。「カリフォルニアン・イデオロギー」などと呼ばれることもある自由至上主義と反権力が結びついたエンジニア・カルチャーがなぜ日本ではあまり一般には共有されず、「動員の革命」や「ネットで社会を変える」（いずれもジャーナリスト津田大介の著作）といった期待が持たれながらも、なぜ大規模で恒常的な変革に結びつかなかったのかという問いは再度問うてみる価値があるようにも思われる（あるいは、「それでも結構変えた」という評価もあり得る）。

「官」対「民」
――無党派層の支持を得やすい明快な二項対立

※平成一二年（二〇〇〇年）トップテン選出　福田昭夫（栃木県知事）／二〇〇〇年一〇月、長野県知事選で作家の田中康夫が前副知事らを破って初当選。さらに翌一一月、栃木県知事選で無党派の福田昭夫が六党相乗りの現職知事を破っての当選。ともに草の根的な選挙活動で民衆が組織相手に勝利した知事選として注目を浴びた。

「保守王国」長野での田中康夫の奮闘は一九九〇年代からの地方分権や直接的には地方分

権一括法等の流れを汲むものであった。無党派層を勝手連的かつ緩やかに組織する手法はインターネットとの相性も良かったとされる。

一方で官と民を対立させながら、政治的存在がさも後者の味方であるかのようなふりをして舌鋒《ぜっぽう》鋭く前者を批判する手法は一定の支持を集めやすいため、現在に至るまで踏襲されている。「行政改革」を旗印にした過剰なコスト削減政策との相性が国、地域問わず良い。たとえば小泉内閣が取り組んだ郵政民営化や各種の特殊法人民営化の題目にもこの構図が用いられた。橋下徹元大阪市長らによる大阪「改革」も同様である。地域代表的性質の強い少数政党を国政で立ち上げ、うまく時の与党に影響力を行使しながら大都市地域特別区設置法の立法を実現し住民投票に持ち込んだその手法は、田中的手法のひとつの完成形と見ることもできる。

いまも官対民の構図の人気は根強く、地域政党や首長、地方議員など地方政治ではいまも頻繁に見かける主張である。もちろん日本型官僚機構の課題は少なくないが、前田健太郎『市民を雇わない国家――日本が公務員の少ない国へと至った道』（東京大学出版会／二〇一四年）など優れた仕事が指摘するように、日本の公務員数は総定員法によって管理され人口比で見たときには必ずしも諸外国より多いとは言えず、その一方で行政業務の拡大を通じた疲弊や官僚機構に対する過剰な不信感情の招来も指摘される。官僚批判を繰り広げながら、民間の利益ではなく、政治の利益を煽るセンセーショナルな手法で溜飲を下げ、カタルシスを生むが、果たして現実生活を実際に改善しているかどうかはよく注視する必要がある。

米百俵／聖域なき改革／恐れず怯まず捉われず
骨太の方針／ワイドショー内閣／改革の「痛み」
――時代を席巻した小泉流ワンフレーズ・ポリティクス

※平成一三年（二〇〇一年）年間大賞　小泉純一郎（内閣総理大臣）／二〇〇一年四月、第八七代の総理大臣となった小泉首相が所信表明演説で使った「米百俵」、「恐れず怯まず捉われず」などのキャッチーな言葉が話題を呼び、首相のスローガンである「聖域なき改革」、それにともなう「改革の『痛み』」、経済財政諮問会議の「骨太の方針」など、次々と説得力あるフレーズを繰り出すことで、小泉人気は空前の盛り上がりを見せた。

拙著『メディアと自民党』(角川新書/二〇一五年)などでも言及したように、小泉内閣は類まれな個人的な資質と自民党の組織能力をハイブリッドに活用しながら「作られた政治の言葉」を駆使して新しい時代の「言葉の政治」を展開した。個人の印象が弱いとされた歴代の日本の総理大臣とは対照的なその姿をメディアは連日大きく取り上げた。小泉の言葉は連日ワイドショーを賑わせ、彼が口にした一連のフレーズが新語・流行語大賞の年間大賞を受賞した。『メディアと自民党』でも論じたが、この時期を境に与野党ともに、増大する無党派層に訴求する戦略、戦術の開拓、ビジネスで用いられているようなマーケティング手法の活用等の組織能力の向上に強い関心を向け始める。政党単位では広報部門の拡充、インターネットなど新たなメディアの利活用が模索された。

こうしたトレンドは一九九〇年代の政治制度改革の一環として取り入れられ、一九九六年の第四一回衆議院議員総選挙で初めて実施された小選挙区制の世界でいかにして生き残りを図るのかという問題と直結する。「自民党をぶっ壊す」を公言し、一九九六年の総選挙で与党の地位を自民党に取り戻した立役者橋本龍太郎に競り勝ち、三度目の挑戦で自民党総裁、首相の地位を手にした小泉は「言葉の政治」を駆使しながら確かに一時代を築くことになった。だが、「作られた政治の言葉」は瞬間、瞬間に、ワイドショーやのちにはインターネットから拍手喝采で迎えられるが、着実に日本社会と政治を変質させた。

e・ポリティックス
――政治行政分野の情報化は変化を生んだのか？

※平成一三年（二〇〇一年）トップテン選出　天野外支子（市民団体代表）／インターネットを利用した政治。千葉県知事選でインターネットによる候補者への支持、擁立の呼びかけなどを行った市民団体が注目を集め、堂本暁子新知事誕生のきっかけとなった。

この言葉を耳にする機会もめっきり少なくなった。それは何も政治行政分野の情報化が進んだからではあるまい。住民基本台帳時代の紆余曲折を経て、行政の利便性向上の鳴り物入りで導入されたはずのマイナンバーカードの普及も一〇％前後で低迷したままで、源泉徴収票や領収書をはじめ、確定申告では未だに多くの紙と戦わなければならない。

インターネットの透明性、双方向性といった技術的特性はその初期から政治改革との相性の良さが期待された。だが新技術を使った情報公開や寄付を可能にするための法律、条例の制定には、定義上新技術を十分には活用できないというもどかしさも残った。メディア研究の世界では大別すると、新技術（メディア）が政治を変えるという変化仮説と、新技術も資金力や組織力など従来型の権力関係と独立ではない要因によって規定されるので大きくは変化しない（従来どおり、すなわち通常状態が継続する）という通常化仮説という二つの学説が競合しているが、もっぱら後者のほうが有力視されている。

言葉はほぼ死語となり、議論と関心は海賊版対策やＡＩ関連の規制など細目に向きがちだ。だがその「政治の言葉」のわかりにくさは世論の関心をときに阻害しているかもしれないということは考えてみても良い。

抵抗勢力
――反駁する旧勢力を一刀両断したレッテル張り

※平成一三年（二〇〇一年）トップテン選出　該当者なし／小泉首相は道路族や郵政族などのいわゆる「族議員」を始め、「聖域なき改革」に反対する勢力をひとまとめに「抵抗勢力」と呼び、対決姿勢を鮮明にした。

小泉改革に反対する勢力、とくに昭和の自民党政治では問題視されなかったどころか、ごく一般的な存在だった業界との繋がりの深い族議員や、小泉内閣に反駁《はんばく》する自民党内の派閥が「抵抗勢力」というレッテルを貼られることになった。清和会出身で自民党内基盤が必ずしも盤石ではなかった小泉は普段政治に関心の乏しい無党派層に訴えかける非伝統的な手法を活用せざるを得なかった。抜群のセンスと言わざるを得ない。「抵抗勢力」といういささか乱暴な括りは、しかし政治に関心の乏しい無党派層にとって実にわかりやすい選択の手掛かりとなった。

小泉が首相になったこの年、アメリカの同時多発テロ、いわゆる「九・一一」が生じ、世界の、そして日本の政治、安全保障を取り巻く環境が激変していく予兆に見舞われたからか、この年の新語・流行語大賞には、ここで取り上げた言葉の他にも政治と関連した言葉がトップテンのなかに取り上げられていることは注目に値する。小泉内閣の財務大臣だった塩川正十郎の愛称「塩爺」、日本の貢献が金銭面のみでしかも後手にまわって国際的に不評を買った湾岸戦争への関与の反省を踏まえ、対テロ戦争への貢献をいち早く表明するきっかけとなったアメリカ由来の「ショー・ザ・フラッグ」、イラク攻撃の口実とされた「生物兵器（BC兵器）」（日本では政治的責任の所在は十分に追求されず曖昧なままに現在に至っている）などである。確かに新語・流行語大賞を政治の言葉が賑わせた年となった。

内部告発
――進まぬ情報公開の流れが生んだ切り札

※平成一四年（二〇〇二年）トップテン選出　串岡弘昭（『ホイッスルブローアー＝内部告発者』の著者）／運輸会社の違法運賃の実態を内部告発した串岡氏が会社に対して損害賠償請求訴訟を起こし、以来、企業の不祥事を暴く「内部告発」が注目され始めた。

地方自治体における情報公開制度の条例化の流れを受けるかたちで、行政情報公開法が一九九九年に成立し、施行されたのが二〇〇一年のことである。以来、行政情報の公開は至上命題となっている。開示請求は活発に利用され、総務省の「平成二八年度における行政機関情報公開法の施行の状況について」によれば、二〇一六年に各行政機関に対して行われた開示請求は一二万六五〇二件で、前年に比べて約一万五〇〇〇件程度増加したという。そのうち九七・八%にあたる一〇万九七五〇件が開示決定に至っている。不開示理由の九七・一%は「不開示情報に該当」とされ、「行政文書不存在」や「存否応答拒否」、「その他」を大きく上回る。「不開示情報に該当」のうち区分の多くが「一号 個人に関する情報」(八二・六%)、「二号 法人等に関する情報」(七九・一%、複数回答有り)となり、「三号 国の安全等に関する情報」(一・九%)、「四号 公共の安全等に関する情報」(八・五%)を大きく上回った。それなりに機能していると言えそうだが、ITを活用した情報公開の進化は遅々として進まない一方で、二〇一三年に特定秘密保護法が成立し、この間統治機構の権限集中と情報公開の流れに逆行する動きも見られる。

国、民間を問わず不祥事の隠蔽が組織の性であるかのように繰り返され続けているなかで、消費者保護の側面も含めて切り札として注目されたのが、内部通報であり、公益通報であった。情報公開請求が組織の外から問題や不祥事の所在に接近する手法だと捉えるなら、内部通報と公益通報は逆に、組織内部からのアプローチで問題解決を迫る対照的な手法と言える。一九九九年、実話に基づくタバコ産業の不正告発を描いた映画『インサイダー』（マイケル・マン監督）が話題になり、二〇一六年の『スノーデン』（オリバー・ストーン監督、二〇一六年）などもひとつのバリエーションだが、米映画では「告発物」が定番のジャンルとして確立されている。それらの作品で描かれるのはやはり告発者の苦悩だが、長くひとつの組織で働くことが美徳とも捉えられてきた日本社会では、組織の恥部を晒すこれらの手法は組織内で白眼視されがちである。そのままでは内部通報、公益通報制度は機能しないものになりかねないため、通報者を保護する仕組みの重要性が指摘されていた。部分的には二〇〇四年に「法令違反行為を労働者が通報した場合、解雇等の不利益な取扱いから保護し、事業者のコンプライアンス（法令遵守）経営を強化する」ことを目的とした公益通報者保護法が成立し、公益通報者保護制度が導入された。ただし実効性に関する疑義も提起されており、いっそうの発展が期待される。

また平成末になって、度重なる公文書の改竄、統計不正が露呈した。基幹統計調査以外の一般調査の六割に課題があったという報道もなされている。公文書、政府統計に対する不信頼は正統性の危機を長く招来しうる。虚偽や改竄は一瞬かもしれないが、一度失った信頼を取り戻すのは極めて難しい。すでに幾度も国民に嘘をついてきた政府なら尚更だ。その重さを改めて噛みしめたい。

毒まんじゅう

――自己の功利に走る政治家への警鐘

※平成一五年（二〇〇三年）年間大賞　野中広務（元衆議院議員）／同年九月の自民党総裁選で政界引退を決意した野中広務元幹事長が、小泉首相支持に回った一部の政治家を非難する際に使った言葉。小泉再選後に密約されたポストを暗に仄めかしている。

京都の地方政治家から国政へと叩き上げのキャリアを積んだ野中広務の言葉が取り上げられた。小選挙区制のもとで、個々の政治家は中長期の展望を持ちにくくなった。余裕を失ったと言っても良い。

新人候補や当選回数の浅い議員は議席を守ることに必死である。しかしごく短期の政治的合理性は中長期におけるそれらと合致しないことが多々ある。中間団体や地方組織が弱体化し、インターネットが政治の個々人に対する（擬似的な）直接アクセスを可能にするなかで、無防備な有権者もまた直接政治と向き合わざるを得ない機会が増えた。同時に、個々の議員もまた政治や社会と直接対峙せざるを得なくなりつつある。こうして徐々に政治は多元性と多様性を喪失しつつあるかのようにも見える。萎縮して表層的な民意に左右される政治は不安定だ。少し先の日本政治の将来像を予見したかのような表現だった。

マニフェスト
――期待感を高めたマニフェスト政治は顧みられるのか

※平成一五年（二〇〇三年）年間大賞　北川正恭（早稲田大学教授）／通常の選挙公約は抽

象的に過ぎる場合が多いが、具体的なプロセス、期限、財源、数値目標などを明確にし、政権公約として提示されるものがマニフェスト。各党が提示を始めて注目された。

百花繚乱的で具体化の筋道も見えづらかった「政権公約集」に背を向け、地方政治のなかから存在感を高めたのが二〇〇〇年代のマニフェスト政治だった。当時の民主党が本格的に採用し、自民党やその他政党も後に続きはじめた。与野党が得意分野を中心に具体的な政策論争を戦わせるようになるかに思われたが、皮肉なことに二〇〇九年からの民主党政権のもとでマニフェスト政治は時計の針を巻き戻したかのように後退した。二〇一〇年代の国政選挙では流行のバズワードと百花繚乱的な政権公約集が復活した。野党は集合離散を繰り返し、安全保障、憲法改正の是非、経済政策といった重要政策の基軸すら明確にしないまま政権批判を展開している。政権批判は重要な野党の役割だが、それだけで政権交代を期待することはできない。最近では野党もマーケティング政治の流れを汲み、プロモーションや訴求方法の開拓に熱心だが、肝心の政策が見当たらないままでは如何ともし難いものがある。とはいえＮＰＯ等の市民社会との対話など得意分野の開拓を行い、地元の名士や官僚など、いつの時代にも一定数存在する政治家志望者たちの受け皿としての期待感を高め、マニフェストも含めて世論を味方につけていった筋道は再度顧みられる価値がある。

年収三〇〇万円
――失われた二〇年を象徴する衝撃的な予言

※平成一五年（二〇〇三年）トップテン選出　森永卓郎（ＵＦＪ総合研究所　経済・社会政策部長）／森永卓郎著『年収３００万円時代を生き抜く経済学』が大ベストセラーに。当時は「三〇〇万円」という数字は衝撃的だった。

長く続くデフレや少子高齢化に伴う年金生活者増も踏まえながら、年収三〇〇万円の時代が訪れるというセンセーショナルな「予言」だった。厚生労働省の「国民生活基礎調査」によれば、二〇〇三年の全世帯平均所得金額は五七九・七万円、高齢者世帯二九〇・

九万円、児童のいる世帯で七〇二・六万円だった。

現在、どうなったか。二〇一六年の全世帯平均所得金額は五六〇・二万円、高齢者世帯で三一八・六万円、児童のいる世帯で七三九・八万円だ。直近のピークがそれぞれ一九九四年の六六四・二万円、一九九八年の三三五・五万円、一九九六年の七八一・六万円となっている。ほぼ横ばいか微減で推移しており年収三〇〇万円時代には至らないが、中央値は四四二万円、平均所得金額以下の世帯が六一・五％を占めていることを踏まえると楽観視もできない状況だ。

サプライズ
――サプライズ政治を歓迎する社会は健全と呼べるのか？

※平成一六年(二〇〇四年)トップテン選出　武部勤(自由民主党幹事長)／小泉首相は第一次内閣での田中眞紀子外相など、たびたび意外な女性を起用した。同年七月の参院選前、

突然の訪朝で拉致被害者の返還を金正日総書記に迫るなど、小泉流の「サプライズ」も目立ったが、主に「サービス」の意味合いを含む言葉として受け止められるようになった。

政治のサプライズはメディアにとって蜜の味と言わんばかりに、メディアは小泉の一挙手一投足に注目した。劇場型政治のひとつの完成形を見る郵政選挙まであと一年。小泉の打ち手を官房副長官、自民党幹事長、官房長官と間近で見ていたのは安倍晋三その人であり、いまも周辺を固める人々だ。メディアにとって政治は報道の対象であると同時にコンテンツでもある。

我々の社会はいつの間にか、政治をサプライズなしに眺められない体質になってしまった。サプライズがなければ物足りなく、サプライズがあれば喝采する我々の脊髄反射的反応に侵された体質を政治はじっと見ているはずだ。人々の反応の一歩先を行けば生き残ることができるだけに、彼ら彼女らは感じの良い笑顔を作ることに必死だ。

インターネットやソーシャルメディアはそれぞれの陣営にとって耳に心地よい言葉ばかりを届ける手段だ。政治の言葉を冷静に咀嚼《そしゃく》できる成熟した社会へと至る途はいかにして可能か。改めてそんなことを考えてみたい。

自己責任
——問題解決につながらぬ安易な結果責任論

※平成一六年（二〇〇四年）トップテン選出　該当者なし／戦闘が続くイラクで武装グループによる日本人人質拘束・殺害事件が発生。外務省が渡航の自粛・退避勧告を出す中での拘束だったことから「自己責任論」が持ち上がり、非難が集中した。二〇一四〜二〇一五年にシリアで続発した人質事件の際も同様の事態となった。

イラクで武装勢力に拉致された日本人人質事件に対して、総じて人々は冷ややかな眼差しを送った。その後、幾度も繰り広げられることになった同種の事件では複数の死亡者が出たにもかかわらず概ね同様の世論が定着してしまっている。無事帰国することができた当時の人質の一人今井紀明は、帰国後、街なかを歩いていたら知らない人に殴られたこともあると述べている（「後ろから突然殴られた経験も」イラク人質事件の今井紀明さんが改めて語った〝自己責任〟／AbemaTIMES https://abematimes.com/posts/3973831）。「自己責任」のレッテルは溜飲を下げ、一瞬のカタルシスを得られるのかもしれないが、多くの社会問題の解決にはつながらない。

社会学者のアンソニー・ギデンズは『左派右派を超えて――ラディカルな政治の未来像』（松尾精文、立松隆介訳／而立書房／二〇〇二年）において、保守派は従来市場に委ねなかった（≒護持すべきだと思われていた）対象まで語義矛盾だが革新的に市場依存に陥っていると言う。言うまでもなく、国民の生命、財産はその最たるものだ。本質的に区別なく擁護すべき対象であるはずの国民に対して恣意的な選別を行う国家はいずれあなたを擁護の対象外と恣意的に判断しないとなぜ言えるのか。安易な自己責任論を口にする前にその危うさを想起すべきだ。

新規参入

――幾度となく繰り返される新参者への冷たい仕打ち

※平成一六年（二〇〇四年）トップテン選出　堀江貴文（ライブドア社長）／近鉄・オリックスの合併で五球団となったプロ野球パ・リーグに参入を表明したのが、同じIT関連企業であるライブドアと楽天。周知の通り楽天が参入することになったが、堀江氏はニッポン放送買収で放送事業にも参入を試み、挫折した。

日本社会では予定調和と皆が慣れ親しんだ基準に立脚した分配が好まれ、肯定されがちだ。堀江はこの時期、本業のみならず球団買収、放送事業、政治と手広く新規参入を仕掛けた。既得権益の壁は分厚く、いずれも成就したとは言い難い結果に終わった。のち、二〇〇六年に堀江と村上ファンドの村上世彰が相次いで逮捕され、日本社会の新規参入者に対する風当たりの強さが露呈した。だが堀江は今も宇宙、健康、オンラインサロンと新規参入を続け、若年世代のオピニオンリーダーになった。稀な事例だ。

社会と政治はどうか。人手不足が常態化し、大学新卒の就職率は過去最高の水準になった。だが、各種人気ランキングに並ぶのは、銀行証券、航空関係、商社、観光と以前と大きくは変わらない企業である（強いて言えば、マスメディアの地位低下は目立つ）。

また、一般社団法人全国高等学校ＰＴＡ連合会と株式会社リクルートマーケティングパートナーズが合同で実施した第八回「高校生と保護者の進路に関する意識調査」二〇一七年報告書によると、「高校生が就きたい職業ランキング」(http://www.zenkoupren.org/pdf/siryobox/chosakenkyu/shinroishiki_haifu20180201.pdf)で安定した職業の代名詞である公務員は二位に位置している。ちなみに一位は教師だが、こちらも正規職で採用されれば安定職と考えられるし、全体三位、女子一位となったのは看護師だ。看護師も引く手数多の手堅い専門職の代名詞だとみなすことができる。興味深いのは、同調査の「保護者が子どもに将来就いてほしい職業」という項目でも、ほぼ同様で公務員が一位、看護師二位、五位に教師と、安定した職業に対する人気が本人、保護者ともに高くなっている。

新規参入とリスクを象徴する起業はどうか。平成を通して、会社開業率と廃業率の推移を見てみると、会社開業率はバブル崩壊とともに一気に四・〇%前後の水準に半減し、以後若干の変動は認められるがほぼ横ばいで推移している(図⑥)。加えて会社廃業率が会社開業率を上回る年が近年増加している点も注目すべきか。日本は中小企業大国と言われるが、開業、つまり新規参入は廃業を下回り足元が揺らいでいる。同白書や定評ある国際比較調査の『Global Entrepreneurship Monitor』などでも、開業率の低さは世界最低水

図⑥　平成の会社開業率／廃業率の推移

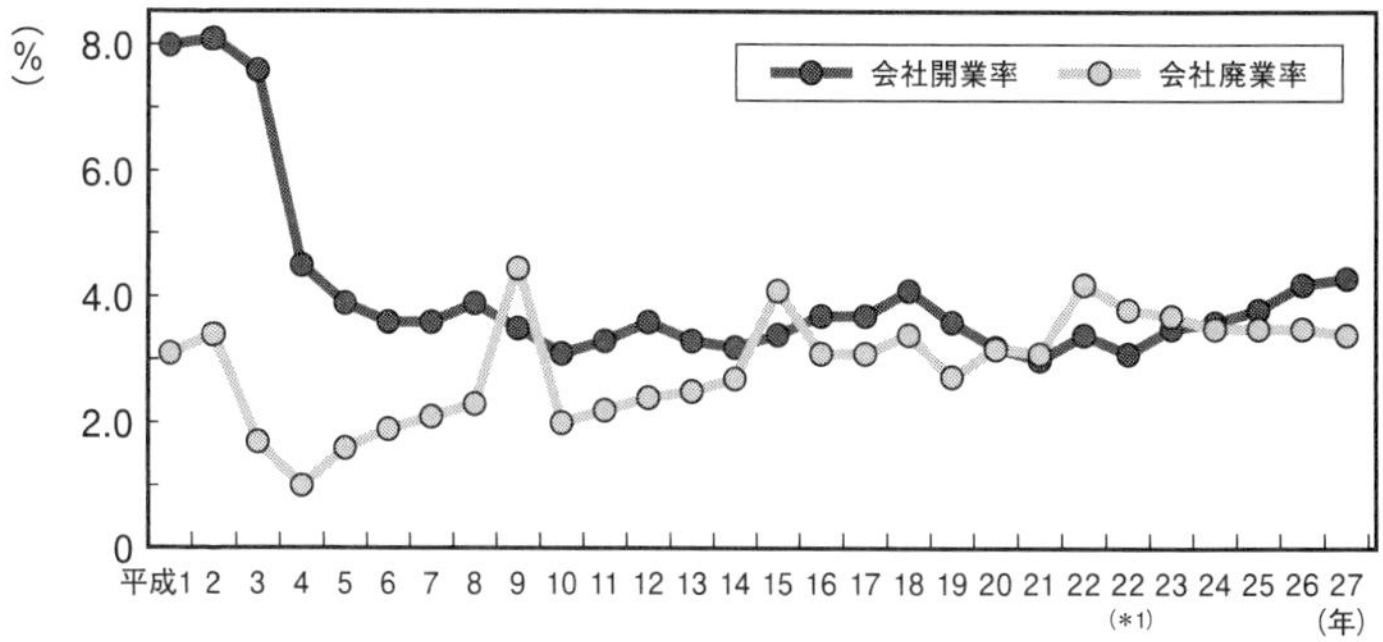

※会社開業率=設立登記数/前年の会社数×100　※会社廃業率=会社開業率-増加率（=（前年の会社数＋設立登記数ー当該年の会社数）／前年の会社数×100）　※平成18年以前の会社数は、その年の2月1日から翌年1月31日までに事業年度が終了した会社の数を指す。平成19年から21年の会社数は、翌年6月30日現在における会社の数を指す。22年以降の会社数は、確定申告のあった事業年度数を法人単位に集約した件数を指す。なお、同年については、前年と連続した数値を表示するため、21年と同様の定義の会社数を分母とした開廃業率を併記した（※1）。

『2018年版 中小企業白書』より筆者作成

準であることが知られている（先進国の開業率はあまり高くないことを考慮しても、そのなかでも低位に位置する）。日本生産性本部が定期的に実施している「新入社員 春の意識調査」を見ても、加盟企業の新入社員のなかで「将来への自分のキャリアプランを考える上では、社内で出世するより、自分で起業して独立したい」という質問に対して、「そう思う」という回答は二〇一八年度で一三・七％。二〇〇三年から導入された質問だが、質問導入の二〇〇三年に三一・七％を記録して以来、ほぼ一貫して低下の傾向にある。対して、「そう思わない」という回答は二〇一八年に八六・三％、こちらはほぼ一貫して高い値で推移している。

ところで政界の不人気と新規参入の乏しさも相変わらずだ。地方選挙にはいよいよ担い手不足が深刻化し、無投票やイレギュラーな統治の仕組みの模索も続くが切り札に欠く。「岩盤規制の緩和」とそれに伴う多分野における新規事業者の参入は第二次以後の安倍内閣の切り札に思われたが、形ばかりの政策が目につく。それどころか、民泊を促進するはずの住宅宿泊事業法には利益相反関係にある旅館業法の事業者らからの巻き返しで、合法の民泊事業に対して営業日数の上限規制（一八〇日）がついた。地方自治体が創意工夫と試行錯誤しながら、自ら稼ぐ存在になる競争を促すのがふるさと納税制度だったはずだ。だが、総務省の意に沿わない返礼品の大盤振る舞いをする自治体が出てくるや否や、総務省は返礼品の上限規制を設け、ペナルティを課すなど強硬な姿勢を見せている。海外の動向などを横目で見ながら、思いつきのように新規参入者を募ってみつつ、集ってきた見知らぬ新参者を冷たくあしらいながら、昔なじみに適度に新しいふりをさせたうえで新規参入の少なさを嘆いてみせる。まさにマッチポンプ的だが、平成を通して数えきれないほど繰り返してきた。規制改革を掲げる政権が本当に新規参入者のための規制改革を行っているかどうか常に確認したい。

中二階

――影が薄い次期リーダー候補の政治家たち

※平成一六年(二〇〇四年)トップテン選出　山本一太(参議院議員)／平沼赳夫、古賀誠、高村正彦、麻生太郎など、当時、自民党の次期リーダー候補と呼ばれていた政治家たちの「イマイチ」な存在感を半ば揶揄する意味で命名したのは山本一太参院議員。小泉首相が口にしたこともあり、「言い得て妙」と受け入れられ流行語に。

ここで名前が挙がった自民党議員らはどうなったのだろうか。平沼は郵政選挙を機に自民党を離党。たちあがれ日本や日本維新の会、次世代の党と保守政党を転々としたのち、自民党に復党して政界を辞任した。宏池会の流れを汲み、道路族の一人だった古賀もまた小泉と対立を深める。平沼のように離党こそしなかったものの、二〇一二年末の衆院選には出馬せず政界を引退した。

麻生はその後、首相の座に就くが相次いだ失言などで政権は迷走。二〇〇九年の総選挙で敗北を喫し民主党政権誕生のきっかけとなった。だが、安倍を支え、有力派閥の長として第二次以後の安倍政権を支え、自身も長く副総理の座に着いたという意味においてもっとも順調な政治家人生を送ったと言えそうだ。高村は第二次以後の安倍内閣で自民党副総裁を担い、政権を引退した後もとくに得意の改憲論議などで存在感を見せている。

小泉劇場

――一人勝ちした「劇場型政治」の先駆者

※平成一七年（二〇〇五年）年間大賞　武部勤（自由民主党幹事長）ほか／「郵政」を争点にした同年九月の衆院選は「造反」、「刺客」、「くのいち候補」など、様々な「役者」が登場して賑わい、最終的に一人勝ちするという「小泉劇場」そのものだった。

第四四回衆議院議員総選挙において、小泉純一郎率いる自民党は二九六議席を獲得した。以後、地方政治や住民投票も含めて、わかりやすい単一争点を設定し、その是非を問う手法が多用される。大阪都構想の是非、普天間から辺野古への米軍基地の移転もそうだし、国民投票法が定める憲法改正の是非を問う国民投票も実現に至れば同様の構図になるはずだ。本来の多様な民意を、二項対立の図式に収斂《しゅうれん》させたうえで勝利するには、耳目を引く仕掛け——革新的に見える手法とそれらを形容するキャッチーなネーミングが重要だ。

その点、小泉は凄まじいまでのセンスを見せつけた。連日テレビカメラは小泉の一挙手一投足を追いかけた。彼の口数は少ないが、しかし短く切れ味のよい言葉は耳に残り（サウンドバイト）、立ち居振る舞いは画になったからだ。それはまるで小泉を中心にして繰り広げられる政治劇であり、まさに「小泉劇場」だった。メディアの世界には第四四回総選挙で、政治の言葉を本来チェックすべき自分たちが小泉の政治の言葉を安易に流通させてしまったのではないかという懸念が残り続けている。郵政民営化に反対する自民党現職の選挙区に、小泉らは有力な対抗馬を送り込み、メディアはその候補者らを「刺客」と呼んだが、この言葉もまたこの年の「トップテン」に入っている。

いま、確かに政治の言葉はかつてよりコストが投入され形式面では洗練されているが、小泉ほどまでにメディアの熱狂を生み出すには至らない。改めて小泉劇場の凄みを想起させるが、結果として派閥政治を弱体化させ、自民党の多元性、多様性を減少したことの功罪もあわせて考えるべきだろう。

格差社会／ネットカフェ難民
――中流の崩壊とともに生まれた新しい貧困の形態

※「格差社会」平成一八年（二〇〇六年）トップテン選出　山田昌弘（東京学芸大教授）／経済的な要因から職業や教育など様々な側面で格差が広がり、二極化と分断化が進み、「一億総中流」の時代は終わりを告げた。構造改革を押し進めた小泉政治の負の遺産と指摘されることも多い。

※「ネットカフェ難民」平成一八年（二〇〇六年）トップテン選出　川崎昌平（『ネットカフェ難民』著者）／家を持たず、ネットカフェで寝泊まりしながら日雇いなど糊口を凌ぐ新し

い形態のホームレスの増加が問題視され、「ネットカフェ難民」と呼ばれた。

中流の崩壊や格差を巡る議論が論壇を賑わせたのもこの時期である。

社会学者佐藤俊樹の『不平等社会日本――さよなら総中流』（中央公論新社／二〇〇〇年）、山田昌弘の格差社会を巡る一連の著作（『希望格差社会――「負け組」の絶望感が日本を引き裂く』の単行本刊行は二〇〇四年）や、経済学者橘木俊詔の『格差社会――何が問題なのか』（岩波書店／二〇〇六年）など、中流崩壊や格差を巡る議論が多く戦わされるようになった。なかでも、かつて日本社会に存在したのは実際に格差がない社会という意味での実体としての中流社会ではなく、富裕層も貧困層も中流意識を持つことができた社会であったという指摘は、実際には所得税の最高税率の引き下げ等の制度の変化はあったものの、いっそうの分断可能性にさらされている現代においても一読の価値があるのではないか。「格差社会」同様、「ネットカフェ難民」も新たな貧困の形態をセンセーショナルに告発する新語として生まれた。「弱者としての若者」が発見され、社会的、政治的に認識されていく契機だが、それはあまりに遅すぎた。

この年、朝日新聞社がかつて発行していた論壇誌『論座』二〇〇七年一月号に、フリーライターの赤木智弘が「『丸山眞男』をひっぱたきたい――31歳、フリーター。希望は、戦争。」という論考を発表し、話題を読んだ。将来が見えない非正規雇用のフリーターとして働く/働かざるをえなかった身を振り返れば、むしろ戦争という、金持ちもそうでないものも、正規雇用者も非正規雇用者もある意味では公平に死に直面しうる時代のほうが望ましいようにも見えると、丸山眞男に代表される戦後民主主義や平和主義に対する批判を展開し話題を集めた。就職氷河期に直面した世代も、活発に言論活動を行い「ロスジェネ論壇」や日本における「プレカリアート」言説としてもまた注目された。

それから一〇余年が経過した。政治は彼らを「人生再設計第一世代」などと呼ぶようになった。その呼称に人間的な温かみはとても感じられない。

(消えた)年金
――自民政権崩壊へとつながる衝撃的な大問題

※平成一九年（二〇〇七年）トップテン選出　舛添要一（厚生労働大臣）／「ミスター年金」長妻昭議員が徹底追求したことで大きくクローズアップされた年金問題。五〇〇〇万件ともいわれる記録が失われていたことに日本中が衝撃を受けた。

「消えた年金」問題は、小泉内閣の二〇〇四年頃から与野党問わず相次いで発覚した政治家の国民年金未納問題とも合わさって大きな注目を集めた。政治家の年金未納は小泉内閣当時、閣内にも多数の未納者が発覚し、当時の福田康夫官房長官は大臣を辞任した。だが同時にこの問題を厳しく追求していたはずの野党からも同様の問題が発覚し菅直人が民主党代表を辞任するなど、政界を揺るがす大問題に発展した。また年金に関する個人情報への不正閲覧の常態化等、当時の社会保険庁の不祥事が相次いで発覚し、多くの職員がその責を問われ、五〇〇人を上回る免職者を出すことになった。同庁は消えた年金問題の影響もあり二〇〇九年をもって廃止されるが、すでに年金と政治に関する厳しい世の中の雰囲気が存在した。

そのなかで新たに発覚したのが、納付の有無が定かではなく、一元化して入力されてさえいない検証困難な大量の年金記録の存在であった。社会保険庁の後継として二〇一〇年に新設された日本年金機構によれば、二〇一三年時点で「約五〇九五万件の持ち主不明の年金記録のうち、約二九六一万件の記録が基礎年金番号とむすびつきました」という（日本年金機構「年金記録問題とは?・2」(https://www.nenkin.go.jp/service/nenkinkiroku/torikumi/sonota/kini-cam/20150601-05.html)）。しかし言い換えれば、半数の照合はできておらず、年金問題の根本的解決がなされていないとも言えそうだ。結果、政権に対する強い不信感に結びつき、二〇〇七年七月に実施された第二一回参議院議員通常選挙を経て自公は議席数を減少させ、民主党は議席数を伸ばし、参議院第一党の地位を獲得し、衆参で第一党が異なる、いわゆる「ねじれ国会」が発生し、のちの民主党による政権奪取への重要な足がかりとなった。

埋蔵金
——財源逼迫のなか高まった特別会計への虚しい期待

※平成二〇年（二〇〇八年）トップテン選出　中川秀直（元自民党幹事長）／特別会計を見直せば積立金で数十兆円のカネが捻出できるという報告書が、積立金を埋蔵金に見立てた「埋蔵金」論争の始まり。期待されたが、発掘しても出てきたものは知れていた。

特別会計とは何か。予算単一の原則が存在するものの、財務省によると「一　特定の事業を行なう場合」「二　特定の資金を保有してその運用を行う場合」「三　その他特定の歳入を以て特定の歳出に充て一般の歳入歳出と区分して経理する必要がある場合」には法律によって特別会計を設置可能で、二〇一七年時点で一三本の特別会計が存在するという（財務省「特別会計」（https://www.mof.go.jp/budget/topics/special_account/index.html）より引用）。

この特別会計が少子高齢化や長く続く不景気などで財源が逼迫《ひっぱく》し始めるなかで、まさに埋蔵金として「有効活用」できるのではないかという期待が高まった。のちの民主党政権でも財源の目処が立たない政策の新規財源になり得るのではないかと思われたが、実際には行政のムダを省く事業仕分けなどと組み合わせてもそうは機能しなかった。

現在では、予防線を張るためか、財務省は平成三一年度予算で特別会計の歳出総額が三八九・五兆円だが、会計間の相互の重複等を除くと一九七・〇兆円で、国際償還費や社会保障給付金、地方交付税交付金、復興経費を除くと、六・一兆円しか残らず、それらも雇用安定事業等の保健事業が四割、石油備蓄等のエネルギー関連が二割にのぼる旨をかなり詳しく紹介している（財務省「特別会計の歳出予算額」(https://www.mof.go.jp/budget/topics/special_account/yosan.html)「「6.1兆円」の内訳について（平成31年度予算）」(https://www.mof.go.jp/budget/topics/special_account/6.1tyouennnoutiwake.pdf等）。埋蔵金への政治の過剰期待に対する予防線にも見えてくる。

二〇〇八年は他にもトップテンとして「後期高齢者」、「蟹工船」、「あなたとは違うんです」など、社会、政治、経済の先行きに対する不信感を表現した語が複数選出されている。変革の流れが政治的に具現化するのが二〇〇九年の第四五回衆議院議員総選挙であり、当時の民主党はその受け皿となった。

第三章　過渡期のネット政治とマーケティング戦略

——政権交代を彩った「言葉」たち

改革への期待感が高まった民主党の躍進

二〇〇九年九月から二〇一二年三月までの三年三カ月を振り返ると、期待と失望がないまぜになった時期だった。それと同時に、現在につながる政治社会的基盤が概ね完成を見た時期でもあった。

小泉内閣とその後の短命内閣の混乱を経て、一九九〇年代初頭に構想された二大政党制がいよいよ具現化することに期待も高まった。民主党への期待感は一朝一夕に高まったものではなかった。

今ではすっかり忘れられてしまっているが、二〇〇〇年代前半を通じて民主党は寄せ集め所帯ではありながら、各界との人的交流、ネットワーキングを行い、対立軸を形成した。マーケティング手法を導入し、外資系ＰＲ企業や従来と異なるＰＲパーソンの採用などによって、新しいキャンペーン手法を模索した。新しい政治を表現するにふさわしい新しい政治の言葉の模索でもあった。民主党政権でも著名なテレビジャーナリストを内閣広報室の審議官として登用するなど官邸広報に対する注力が認められた。小泉内閣と当時の自民党は新しい情報発信手法の戦略と手法を探してきたが、民主党もそれらと切磋琢磨しながら戦略と手法を磨いたのだ。

いつの時代にも業界関係者、地元の名士、官僚OBなど政界進出を考える人は一定の割合で存在する。与党に現職国会議員が多数存在するとき、それらの新規参入者らは当然ライバルになるため疎まれがちだ。求心力ある野党が新規参入者らの受け皿になることができれば、新規参入者たちは野党からの出馬を真剣に検討する。当時の民主党がそうで、人々の改革への期待感もあって政界進出を希望する者の格好の受け皿となった。

本来、日本の与党一強状況にはスタビライザーが組み込まれているのだが、現在は様々な事情でそれらは機能しておらず、政治システムと与党内外の競争を基底に置いた緊張関係は極めて脆弱な状況にある。

「政治の言葉」という点で言えば、二〇〇五年のいわゆる郵政選挙で大敗した民主党だったが、NPOや市民社会との密な関係を活かしながら、わかりやすさと身近な言葉を多用した新しい政治の言葉を模索した。鳩山首相が就任の所信表明演説で言及した「新しい公共」は権威と大文字の政治、経済、社会に軸足を置いた自民党政治と当時の民主党を明確に区別した旗印となった。

新しい政治の言葉を模索したのは民主党だけではなかった。もうひとつの象徴は二〇〇八年大阪府知事選挙に立候補した橋下徹だ。橋下はいわゆるタレント弁護士だったが、その切れ味鋭い論調が世論に支持され政界に進出、大阪都構想の実現と「官」を既得権益とみなす対立構図を掲げ、身を切る改革を標榜しながら、さらに二〇〇〇年代の少数政党などから急速に人材を確保し政策面での妥協と変更を重ねながら国政への進出を果たした。

民主党政権のもとでは、少数政党ながら巧みな交渉術と政治手腕で二〇一二年に大都市地域特別区設置法を成立させた。

同法を背景に、大阪都構想実現の是非を問う住民投票を二〇一五年に実施した。結果は僅差で否決。橋下は政界引退を発表したが、現在に至るまで政権との距離が近い論客として大きな存在感を見せている。橋下は新しい「政治の言葉」の使い手だ。

ネットの活用で模索された「新しい政治」

言論の流通を支える新しいメディアであるインターネットの普及とメディア環境はどうか。ブロードバンドの普及が一巡し、各通信キャリアはスマートフォンへのシフトを本格化させていった。東日本大震災をきっかけに、公的機関も広報のツールとして本格的に注目し、広告費を含めて日本のメディアの中心がいよいよインターネットを中心としたものに実体化し始めた。現在では国民的ツールとなったLINEの誕生も震災直後の二〇一一年のことであった。

インターネットの利用者は一億人手前でやや頭打ちとなり、人口普及率で八〇％程度といったあたりだ（図⑦）。この数字は少子高齢化が進む日本では、乳幼児や後期高齢者等を除く、ほぼ全ての人に概ねインターネットが普及したと言える。

モバイル端末からのインターネットアクセスは今よりも低調だが（図⑧）、この後のスマートフォン普及によって爆発的に改善することになる。

政治の世界でもインターネットを使ったキャンペーンが広がりを見せる。インターネットは選挙制度改革によって無党派層の支持獲得の重要性増大などとも関連しながら、「政治の言葉」にも影響を与えたと考えられる。

一九九四年八月に当時の総理府が「首相官邸ホームページ」を開設し、各政党もホームページを用意するようになっていった。小泉内閣のもとで官邸広報手法の一環として、メールマガジンが準備され、当時の安倍官房副長官が編集長を務めている。

図⑦　インターネット利用者数と人口普及率

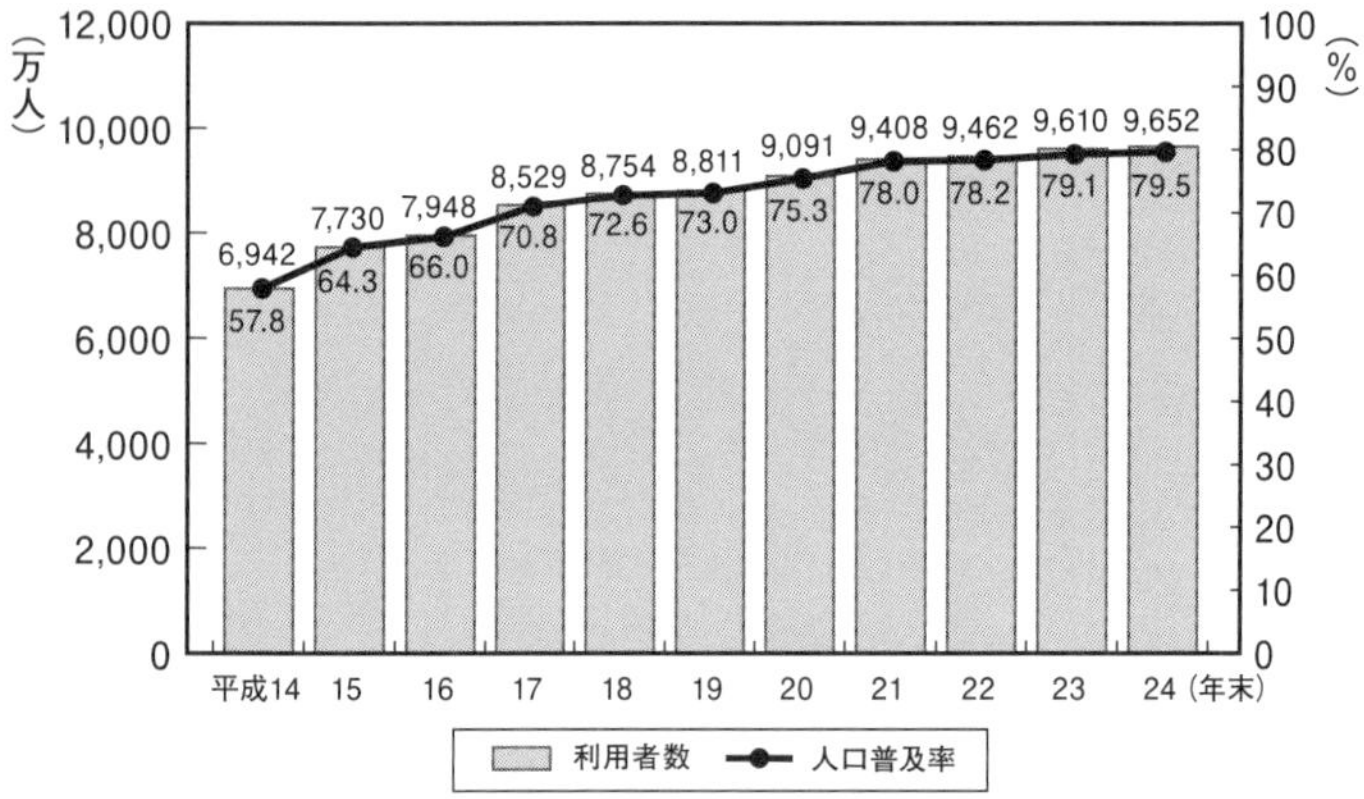

総務省『平成25年版 情報通信白書』
http://www.soumu.go.jp/johotsusintokei/whitepaper/ja/h25/html/nc243120.htmlより引用

図⑧　インターネット利用端末の種類（平成24年末）

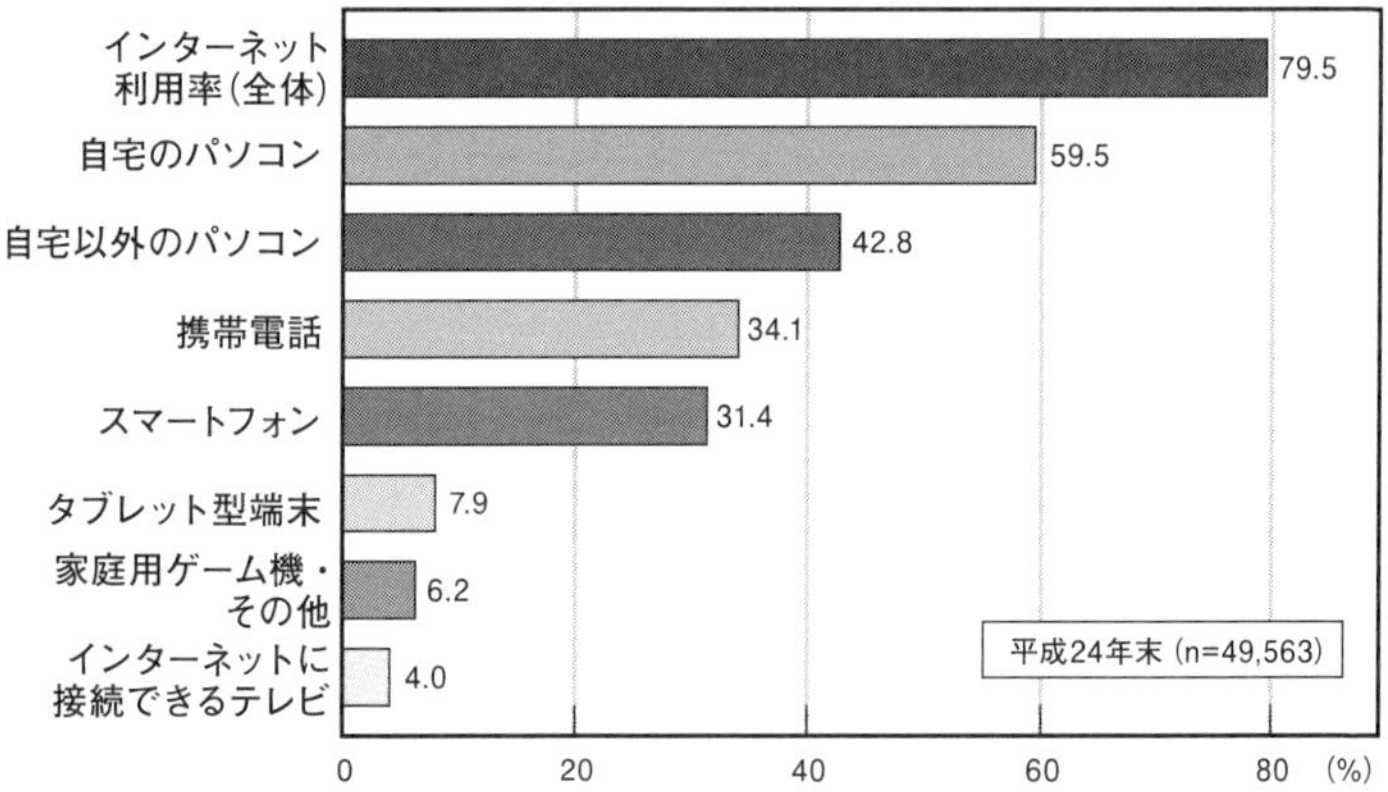

※当該端末を用いて平成24年の1年間にインターネットを利用したことのある人の比率を示す
総務省『平成25年版 情報通信白書』
http://www.soumu.go.jp/johotsusintokei/whitepaper/ja/h25/html/nc243120.htmlより引用

そうは言っても、この時期の政治のネット利用はあくまで傍流であった。当時の公職選挙法はインターネットを使った選挙運動（以下、「ネット選挙」）を禁止していたからである。日本では選挙運動は「特定の選挙について、特定の候補者の当選をはかること（そのために相手候補者を当選させないことも含む）を目的に選挙人に働きかけること」とされている。それ以外の政治家の活動は政治活動と呼ばれる。

日本ではポスター、ビラの大きさや枚数、証紙の貼り付けなどが要請され、定められた手法以外で選挙運動を行うことはできなかった。インターネットの普及と関心の高まりのなかで、政治での利用も模索されたが、旧自治省は当時の公選法に照らして選挙運動への利用については法改正が必要との見解を示していた。

当時の民主党は二〇〇〇年代を通してネット選挙の解禁を主張し、自民党は概ね否定的な立場だった。一般に現職政治家や与党は選挙制度改革や選挙区改正を好まない。例えばこの間の参議院の選挙区の合併、いわゆる合区を巡る動きを見ると、強力な反発や巻き返しを招きがちである。

合区問題はその後、最近の選挙制度改革の流れに反した議席増、比例特定枠の導入等を含む公選法改正という結末を迎えたことは記憶に新しい。

このような状況を踏まえて、経済団体やＩＴ業界などは繰り返しネット選挙の導入を主張し、当時の民主党も同調したが、結局ネット選挙の解禁は二〇一三年の第二次安倍政権を待たねばならなかった。

もちろんネット選挙以外にも、民主党は「古い政治」に対して、「新しい政治」をぶつけようとし、またそのための政治の言葉を用意した。前章でも取り上げた「消えた年金問題」や、マニフェスト政治などを手がかりにしながら、日本政治に新しい息吹を持ち込もうとしたのである。

それらはそれなりに熟慮され、プロの手によってデザインされたもので、小泉首相の言葉ほどのインパクトこそ持ち得なかったものの、それなりに広がりを見せ、社会に強い期待感を与えた。

二〇〇九年八月三〇日投開票の第四五回衆議院議員総選挙の投票率は六九・二八％と小選挙区制が導入されてからもっとも高い数字を記録し、民主党は三〇八議席を獲得した。また同年九月の鳩山内閣発足時の内閣支持率は七二％に達し、民主党支持率も四二％であった。

徐々に失われていく「新しい政治」への期待感

だが期待感は長くは続かなかった。二〇〇九年がピークで、完成すると同時に綻びを見せることになった。政権が動き出すやいなや統治の知恵と手法、経験の不足が露呈した。子ども手当などマニフェストに書かれていた目玉政策を実現するための財源は十分に確保できなかった。新語・流行語大賞にも登場した「埋蔵金」を発掘することはできなかったのである。大きな期待は、大きな失望に転じる危険性を有している。実際、政治主導を掲げて事務次官会議の廃止など官僚機構の改革に着手したものの、混乱を招いたり、事業仕分けなど衆目を意識し過ぎたことで政治ショーと化した施策も少なくなかった。

徐々に「新しい政治」と民主党に対する期待感は失われていった。挙げ句の果てに、鳩山内閣は普天間基地移転に関する一貫しない発言の責任を取るかたちで辞職した。新しい政権は一年に満たない在任期間の短命政権であった。

民主党の政党支持率も低調で、二〇一一年に入ると自民党の逆転を許すようになった。二〇一〇年の参院選直前に突如、政界で鬼門とされる消費税増税に思いつきで言及したことも影響し敗北を喫したことで、安定した政権運営がいっそう難しくなった。

図⑨　平成21年　内閣支持率

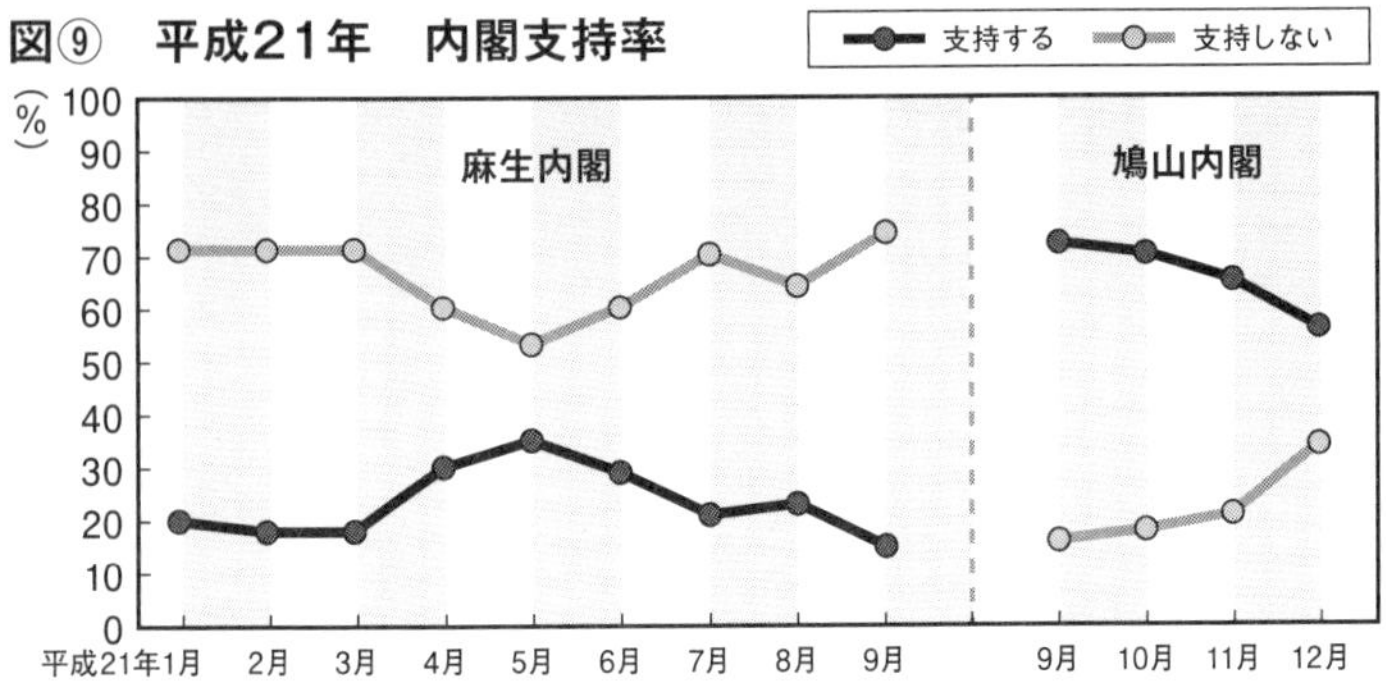

図⑩　平成21年　民主党と自民党の政党支持率推移

	1月	2月	3月	4月	5月	6月	7月	8月 (衆)	9月	9月 (緊)	10月	11月	12月
民主党	24.5	21.7	21.3	20.4	19.9	23.7	26.4	29.0	34.6	42.0	39.7	37.7	35.6
自民党	28.4	27.7	29.4	28.0	31.7	26.9	24.9	26.6	23.0	18.9	16.7	14.1	17.1

NHK放送文化研究所「政治意識月例調査」(https://www.nhk.or.jp/bunken/yoron/political/2009.html) より引用

図⑪　平成22年　内閣支持率

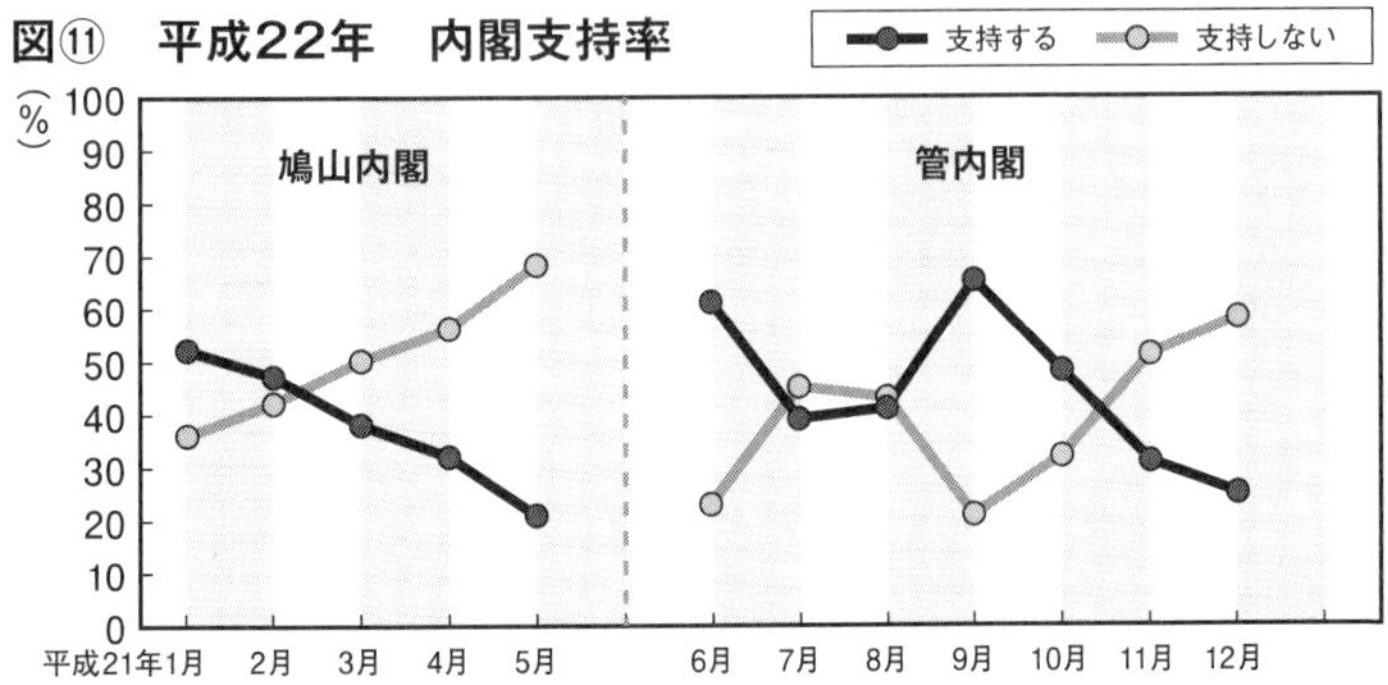

図⑫　平成22年　民主党と自民党の政党支持率推移

	1月	2月	3月	4月	5月	6月 (緊)	6月	7月	8月	9月	10月	11月	12月
民主党	34.9	30.0	25.8	22.2	20.8	30.7	34.3	29.8	28.9	36.2	29.6	24.1	21.3
自民党	18.3	18.2	17.1	16.1	17.9	17.0	15.8	20.1	19.5	18.8	21.5	22.1	22.6

NHK放送文化研究所「政治意識月例調査」(https://www.nhk.or.jp/bunken/yoron/political/2010.html) より引用

図⑬　平成23年　内閣支持率

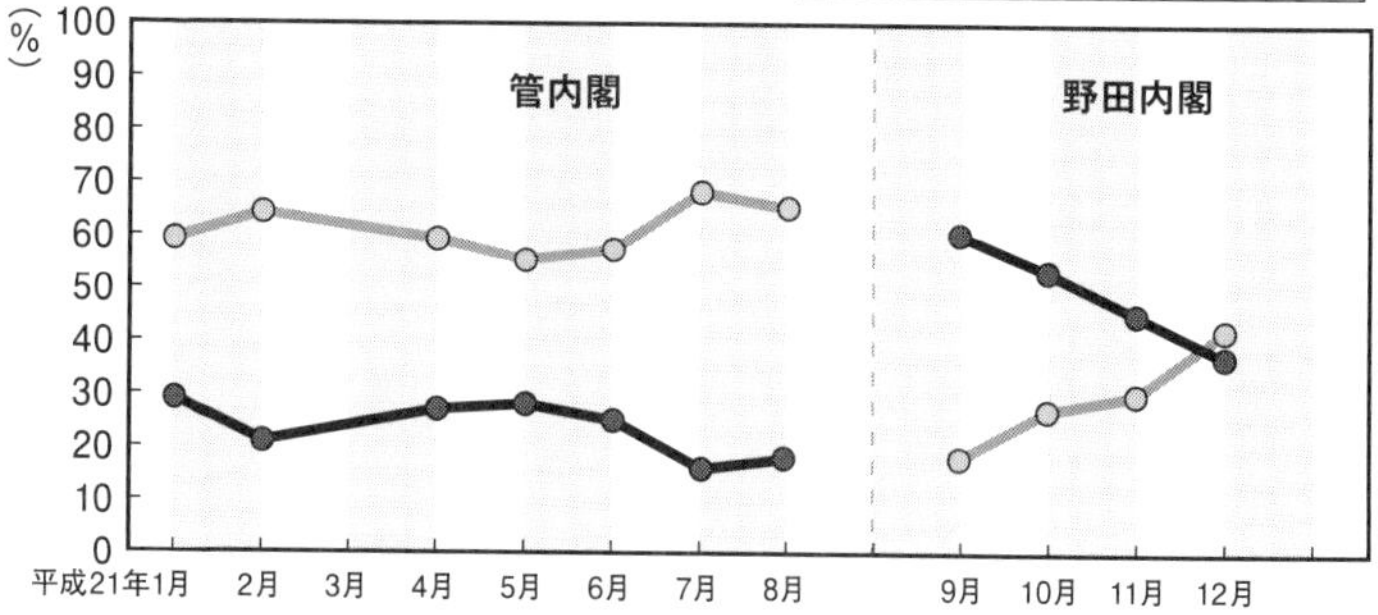

図⑭　平成23年　民主党と自民党の政党支持率推移

	1月	2月	3月	4月	5月	6月	7月	8月	9月	10月	11月	12月
民主党	21.9	20.2	—	19.2	17.6	20.4	13.6	16.4	24.9	22.6	20.9	16.9
自民党	22.0	21.7	—	23.3	22.6	21.1	23.4	25.0	19.1	18.4	20.4	18.3

NHK放送文化研究所「政治意識月例調査」（https://www.nhk.or.jp/bunken/yoron/political/2011.html）より引用

図⑮　平成24年　内閣支持率

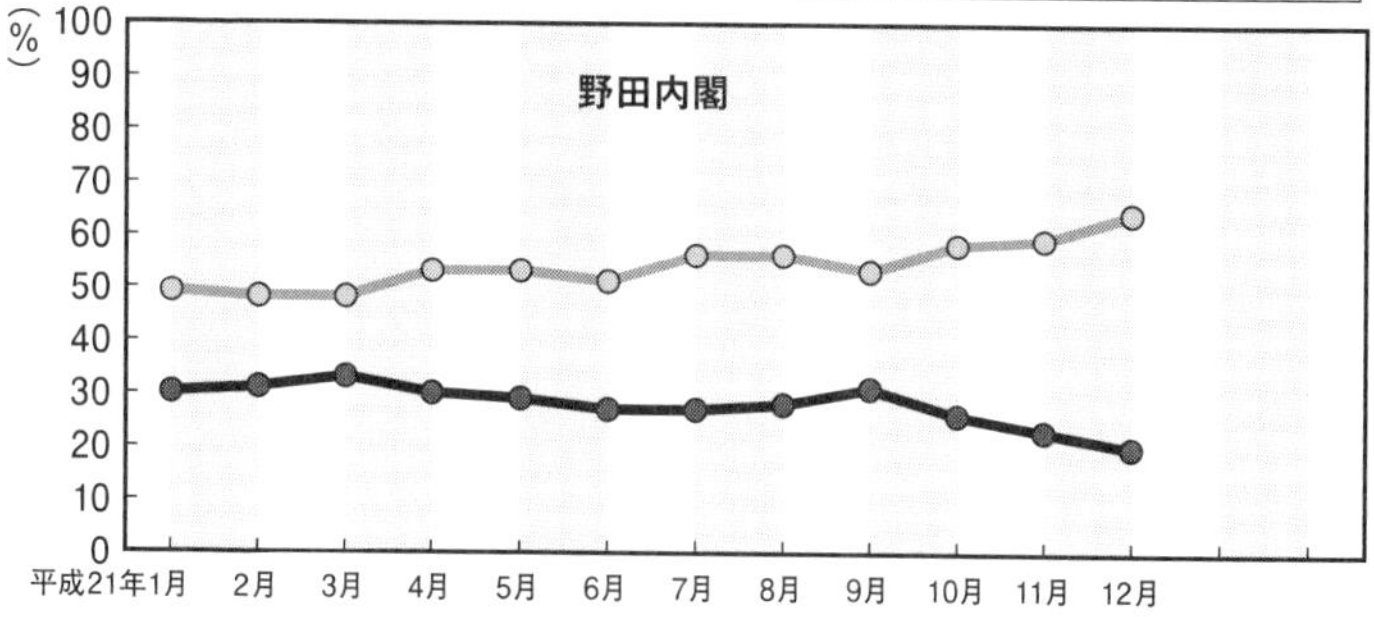

図⑯　平成24年　民主党と自民党の政党支持率推移

	1月	2月	3月	4月	5月	6月	7月	8月	9月	10月	11月	12月（衆）
民主党	18.5	17.6	18.1	16.7	18.4	16.9	15.2	14.3	16.7	13.8	12.7	16.1
自民党	18.3	16.9	17.2	18.8	19.9	20.9	19.8	23.9	20.1	26.2	25.0	26.6

NHK放送文化研究所「政治意識月例調査」（https://www.nhk.or.jp/bunken/yoron/political/2012.html）より引用

加えて、二〇一一年の東日本大震災の復旧復興が重なった。原発事故も重なり未曾有の規模の災害になった。他の政権であったとしてもそれなりに混乱したことは疑いえず、また自衛隊の初動など阪神淡路大震災の経験を踏まえてかなりの改善は見られたが、民主党政権に対する不信感は増す一方だった。国家存亡の危機に際して政権の求心力が増すとも言われるが、二〇一〇年に内閣支持率と不支持率が逆転していたこともあってか、政権に対する評価は顕著な改善が見られなかった。

二〇一二年一二月、民主党政権、つまり二〇〇〇年代の非自民政権は三年三カ月で幕をおろした。民主党政権が従前の期待に応えられなかったことに対する社会と有権者の不信感は根深く、現在にまでその影響が認められる。やはり現在の各野党の主たる顔ぶれが当時の民主党政権の顔役と変わらないことと無関係ではないだろう。

ただし民主党政権の、あまり認知されていない成果についても言及すべきだ。当時の民主党政権とＮＰＯ等との近さは東日本大震災復旧復興における市民社会の知恵の活用に貢献した。

特定非営利活動促進法（通称、ＮＰＯ法）の迅速な改正によって、税制優遇を受けられる認定ＮＰＯ制度の柔軟化や認定基準の緩和、ＮＰＯ法人設立申請手続きの簡素化や地方自治体への権限委譲等、現在にまで影響する重要な法改正だった。

　公的機関におけるソーシャルメディア等の活用が本格化したのもこの時期にあたる。復旧復興に関連して、オンラインでの情報発信が積極活用されたことは特筆すべきだ。

　菅内閣のあとを継いだのが、野田内閣だった。ただし野田内閣にはもはや政権運営においても取り得るオプションはほとんど残されていなかった。野田内閣は二〇一二年一二月突如辞意を表明した。

　社会保障の充実、安定化と、安定財源確保、財政健全化の同時達成を目指した社会保障と税の一体改革に関する三党合意はのちの消費税増税の礎にもなった。だが、民主党のあとを継いだ民進党分裂などもあって、現在では顧みられることもなくなりつつある。

　変化の時代を象徴するように、この時期の「政治の言葉」は当初、期待感に溢れていた。だが、徐々に失望に転化していく。挑戦と失敗の時期に語られた「政治の言葉」を思い出してみることで、当時の紆余曲折を反省することができる。政治にとって、魅力的な「政治の言葉」だけでは不十分で、具体化のための現実的道筋も重要だ。有権者との契約だったはずの当時のマニフェストは無残なものだったが、日本政治に次の転換点が訪れるときには両者を併せ持った「政治の言葉」が語られてほしい。

政権交代

――本格的な二大政党制を予感させた民主党の躍進

※平成二一年（二〇〇九年）年間大賞　鳩山由紀夫（内閣総理大臣）／八月三〇日に行われた第四五回衆院総選挙で、民主党は議席を一一五から三〇八へと大きく伸ばして圧勝した。鳩山由紀夫を首班とする民主党内閣が発足し、細川・羽田両政権以来一五年ぶりの非自民政権が誕生した。一方の自民党は三〇〇から一一九へと激減し惨敗。一九五五年の結党以来、初めて第二党に転落した。

民主党は二〇〇〇年代を通して、郵政選挙などの例外はありつつも、一貫して支持を伸ばしてきた。小泉内閣はまだ政権を担当できるのではないかという余韻を残したまま、早々に安倍晋三官房長官を後継指名し幕引きを迎えたが、第一次安倍政権とその後の自民党政権は小泉内閣をスムーズに引き継ぐことはできなかった。

一九九〇年代の政変と頓挫《とんざ》からおよそ一五年が経過し、小選挙区比例代表並立制の導入を経て、本格的な二大政党制に対する期待感が民主党に向けられた。二〇〇九年の政権交代はそれらが端的に具体化したもので新語・流行語大賞の年間大賞受賞にも表れている。しかし、日本政治は期待と、その大きさの反動によって生じる失望を繰り返してきた。二〇〇九年の政権交代も結果だけを見ればその域を出るものではなかったが、二〇〇九年末時点ではまだまだハネムーン期間でもあり、民主党政権のお手並み拝見という雰囲気が強かった。

事業仕分け
――ライブ配信も行われた行政刷新会議の試み

※平成二一年（二〇〇九年）トップテン選出　行政刷新会議と事業仕分け作業チーム／歳出削減を目指す政府の行政刷新会議が約四五〇事業を対象にそれぞれ「不要」「民間に委託」「都道府県に委託」などに仕分けていく。評価を下す仕分け人には国会議員の他に

学者や自治体職員なども参加し、公開されたこともあって国民の注目を集めた。

構想日本という政治行政の透明化と説明責任の強化を標榜するＮＰＯが二〇〇〇年代から主に地方自治体で実践を積み重ねてきた手法を国政にも導入するかたちで実施したのが事業仕分けだ。二〇一〇年の予算編成から活用されることになった。

当時代表的だったが最近ではすっかり存在感が薄くなったUstreamやニコニコ動画といったネット動画のプラットフォームを使ってライブ配信が行われた。同時に日本でもサービスが開始され、アーリーアダプターたちがこぞって使うようになったTwitterやFacebookといったＳＮＳでも関心を集め、多くの論評が行われた。日本における「ネット世論」の政治行政分野における先駆的事例となった。

初期の民主党政権が当時の新技術を政治行政分野における活用を試行錯誤したことは特筆すべきだろう。二〇〇九年には当時オバマ大統領が先鞭をつけ、世界的な関心が集まったＩＴを使った新しい情報公開のトレンド（オープンガバメント）の日本版が始まったのは、ちょうど二〇〇九年一〇月のことであった（経済産業省オープンガバメントプロジェクト）。その後は個別のＩＴサービス（例えばInstagram）の活用にとどまりがちだったが、政治行政の情報化を通じた民主主義改善の新しいアプローチを日本でも見てみたい。

脱官僚
——世論の支持が根強く続く政治・国民主導

※平成二一年（二〇〇九年）トップテン選出　渡辺喜美（衆議院議員）／新党「みんなの党」を立ち上げた渡辺喜美代表は政権公約として「脱官僚、地域主権、生活重視」の理念を掲げ、官僚依存政治からの脱却を目指した。鳩山政権も「脱官僚」を鮮明にアピールしていたが、郵政人事を初めとする相次ぐ元官僚の起用など、むしろ官僚に丸め込まれた感も否めず、民主党への不信を強めていく一因ともなった。

思えば一九九〇年代からの日本での行財政改革では「脱官僚」、「公務員の削減」が声高に強調されるようになった。実際には日本の人口あたり公務員数はみなし公務員を含めて必ずしも多いとは言えないが、既得権益批判の一形態として現在に至るまで根強い世論の支持を受けている。ここでも使われるのは「官」対「民」の構図である。

古くはマックス・ウェーバーが共産主義と政権の現実味を批判しながら指摘したように、統治には統治の専門知が必要であることは論をまたない。

少し考えれば自明だが、そうした複雑な現実よりも、「脱官僚」、「脱既得権益」といったわかりやすい「政治の言葉」がいっそう強く好まれるようになった。

脱小沢

——混乱する政局のなかで存在感を示した小沢一郎

※平成二二年（二〇一〇年）トップテン選出　受賞者辞退／九月一七日に発足した菅直人第一次改造内閣は仙谷由人官房長官、枝野幸男幹事長など要職を反小沢派で固め、メディアは「脱小沢」人事と報じた。鳩山・小沢のツートップを切ることで民主党支持回復を狙っ

たもの。支持率は上がったが、いずれにしても「小沢か脱小沢か」で動く政局騒ぎに、小沢一郎という政治家の存在感を改めて感じさせられた。

二〇一〇年の年が明けて、民主党政権に対する失望感が募り始める。華々しいマニフェストを実施するための財源不足が露呈した。「政治主導」の混乱、鳩山首相の退陣、さらには後を継いだ菅内閣のもとでの参院選の失敗で、民主党政権に対する不満はいっそう顕著になった。

参院選では民主党は議席を大きく減らし、逆に野に下った自民党は谷垣総裁のもとで議席を伸ばした。社民党の連立からの離脱もあって、民主党は苦境に立たされたが、やはり注目を集めたのは一九九〇年代から政界再編に辣腕《らつわん》を奮ってきた小沢だった。

ポスト民主党政権でこそ、その存在感の衰えが目立つが、民主党政権においては平成の政変同様、その動向が注視された。それは小沢を登用しない「脱小沢」ですら話題になるほどであった。

一九九〇年代から作っては壊し、を繰り返してきた剛腕小沢だが、令和最初の選挙でおそらくは最後の剛腕を野党再編のために振るうことができるのかどうか、その一挙手一投足に注目が集まっている。

絆
——未曾有の大災害で再認識されたもの

※平成二三年（二〇一一年）トップテン選出　該当者なし／未曾有の大災害となった東日本大震災をきっかけに、復興支援・協力への団結心だけでなく、地域社会の結びつき、家族の大切さなどを再認識する声が高まり、「絆」という言葉が盛んに使われた。

未曾有の大災害、東日本大震災は当時の日本社会のあらゆる側面に影響した。「絆」はそのなかで繰り返し用いられたキャッチフレーズであった。ＮＰＯや企業の復旧復興のプロジェクトの事業名称などにも広く用いられた。同じく二〇一一年の新語・流行語大賞のトップテンに選出された「無縁社会」のポジネガとしても捉えられそうだ。縁が失われた社会を結び直すのが絆であり、社会関係資本だからだ。

だが本来、自発的かつ自生的な絆が、非常時とはいえ繰り返し公的な場面で強調されることに対する違和感や嫌悪感も研究者やジャーナリストによって表明された。

スマホ
——政治をも変え得るメディア環境の激変

※平成二三年(二〇一一年)トップテン選出　AND market 霞が関／インターネットにそのまま接続可能な携帯電話「スマートフォン」の普及が最も急速に進んだのが二〇一一年。同年夏にはスマホの販売台数が携帯電話端末全体の半数を超えた。アップル社のiPhoneシリーズが大人気となり、その後「アンドロイド」搭載機種なども登場した。

家庭用ＰＣと同等かそれ以上に高機能でありながらコンパクトなスマートフォン、和製英語としての「スマホ」の登場はその後、日本のメディア環境を激変させることになった。スマホによってインターネットはいっそう身近なものになり、安価で大容量データの送受信が可能な4G回線の普及と重なり、メディア力学の変更に大きく影響した。テレビや新聞は遥かに身近で多機能なスマホと可処分時間を競うことになったからだ。

当然、伝統的なマスメディアはそのような時代にどのように存在するか戦略的な検討が必要だが、日本では規模の大きさもあり、そのような根本的な議論はほとんどなされないままで、とくに新聞は二〇一〇年代に入って顕著に読者数の減少と読者の高齢化を見せている。大企業が新市場の存在を認知しつつも、本格参入できないという典型的なイノベーションのジレンマ状況に見える。

総務省の『平成三〇年版 情報通信白書』によれば、日本では二〇一七年にスマホからのインターネット・アクセスがPCを上回った。当然だが、政治と政治の言葉、そして政治を論じる言葉の重心もいずれ従来のマスメディアからネットへと移っていくものと言える。

だが、同時に労働法制は異なるものの、英米圏のマスメディアはリストラとニューメディア対応に挑戦してきた。もちろん朝日新聞が当初「asahi.com」のサーバーをシリコンバレーに置いたり、ほぼ同時期に日経がネットで接続できるデータベース「日経テレコン21」を展開するなど、萌芽事例には事欠かなかった。だが、それらはその後、有料電子版に成功する日経を除くと、ビジネスとしては傍流の域を出なかった。だが、現在に至るまで中心にあるのは、紙の新聞だ。このままジリ貧になっていくのか、それともどこかでターニング・ポイントが訪れるのか注目していく必要がある。

どじょう内閣
――野田内閣で終止符を打った非自民政権

※平成二三年（二〇一一年）トップテン選出　野田佳彦（内閣総理大臣）／同年八月二九日の民主党代表選で、野田佳彦候補が相田みつをの詩を引用しながら自分をどじょうにたとえ、「どじょうが金魚のまねをしてもしょうがない」と述べて会場を沸かせた。「泥臭く国民のために汗を流したい」という言葉で締めくくった最終演説でも好感度を上げ当選。以後、メディアは野田首相の代名詞として「どじょう」を多用した。

民主党政権に対する最後の期待感をもって、この年の新語・流行語大賞のトップテンに選出されたのだろうが、野田内閣に選択可能なオプションはほとんど残されていなかった。発足当初こそ六〇%近い内閣支持率だったが、右肩下がりの様相を呈することになった。その後、切りの良いタイミングで解散総選挙に打って出るわけでもなく、一一月の国会論戦のさなかに突如、解散に言及し、総辞職。野田は三年三カ月の民主党政権、そして衆議院の小選挙区比例代表並立制導入以後初めての非自民政権に終止符を打った。

風評被害

――ネット社会の到来で肥大化する風評被害の懸念

※平成二三年(二〇一一年)トップテン選出　該当者なし／福島第一原子力発電所事故以降、被曝を恐れる心理から様々な噂やデマがネットなどを通じて拡散し、福島からの避難民や福島産食品が根拠もなく敬遠されるケースが多発した。「放射能に汚染されている」

とされた福島の農産物や海産物は大打撃を受け深刻な問題となった。

政府や公的機関もネットで情報を発信するようになったが、ネットを背景にする新たな風評被害が深刻になっていく。

検索中心のネット利用から、スマホ上でのSNSやソーシャルメディア、アプリ中心のネット利用に変化していくなかで、ネット利用はかつて言われたような「プル型」、すなわち検索者が主体的な意思をもって検索する利用ではなく、アルゴリズムが各ユーザーの過去の利用履歴や検索履歴から個別最適化された情報を提案する「新しいプッシュ型」が主流になりつつある。

すでに科学的に安全性が確認された日本産食材の禁輸措置を取る近隣諸国は韓国をはじめ二〇一九年現在も残っており、WTOも支持している。近隣諸国では世論形成にネットが日本以上に重要な役割を果たしている。

国内のみならず、海外に向けた風評被害対策の施策が求められる時代局面を迎えているとも言えそうだ。同時に、この間の日本の公文書改竄や隠蔽、統計不正も国外で報じられている。このとき日本産食材を巡る情報だけはあくまで信頼できるのだという対外的な説明があまり説得力を持つとは思えないところが残念でもある。

維新
――橋下徹的振る舞いが政界にもたらしたもの

※平成二四年（二〇一二年）トップテン選出　橋下徹（日本維新の会代表代行）／二〇一〇年に当時の大阪府知事である橋下徹らが結成した地域政党「大阪維新の会」が国政選挙へ乗り出すべく「日本維新の会」を設立。坂本龍馬の「船中八策」に倣って「維新八策」を発表した。「維新」を名乗った政党は過去に「平成維新の会」（一九九二年・大前研一代表）があるが、橋下の発信力や実行力に「平成の維新」への期待は高まり、旋風を巻き起こした。

大阪府知事から、政令指定市として同等以上の権限をもつ大阪市長に鞍替えした橋下徹率いる維新が国政にも進出。日本の地域制度は地域を変えるために、立法を含め国政に影響力を持つ必要があることはかねてより指摘されていた。

主張の内容はさておくとして、実行に移した例は乏しく、橋下の政治的嗅覚と実行力は卓越したものだったと言わざるを得ない。官僚機構や学者、評論家といった「敵」を平易で庶民的な言葉で「論破」し、それを衆目にさらしていくメディア上での振る舞いも従来の政治家らしからぬものであった。公職選挙法の改正以前から、ツイッターを積極的に使い従来メディアに対する批判や反論にも活用した。

橋下の振る舞いは維新の政治家を中心に踏襲されていくことにもなった。政治家の言葉を巡る規範は明らかに短絡的な民意を重視する安易な路線に移ろいつつある。

第三極
——二大政党制が遠のく新党乱立とその後の低迷

※平成二四年（二〇一二年）トップテン選出　第三極の皆さま／政権党が低迷し、自民党も

盤石な体勢には程遠いなか、二大政党に対抗できる政治勢力が必要という「第三極論」が盛んに議論され、次々に新党が乱立した。しかし離合集散を繰り返すばかりで政界再編の目処は立たず、自民ばかりが勢いを取り戻し始めて二大政党制の前提すら危ぶまれる事態に陥った。

社民党の支持率は低迷し、NHK放送文化研究所の「政治意識月例調査」によれば、二〇一〇年代に入って社民党の支持率は一％を切るようになって二〇一五年以後、常態化する。支持率一％とは自民、民主それぞれから分裂した少数政党の支持率と同等か前述の維新を下回るもので、現在ではすでに「第三極」としてすら名前があがらなくなった。民主党政権を経て、むしろ際立っているのは自民党の懐の深さと統治の手練手管の深さだった。しかし、このとき言われた「第三極」は、一九九〇年代の政変時に話題になった「三極論」とは趣を少し変えていた。「三極論」は、自民党的保守政治、新進党などの新保守があり、さらにリベラル勢力があるという見立てであった。ただしこのときのリベラル勢力というのは脆弱な存在で、自民党内にも、新保守陣営にも、さらには当時の社会党内にも分散的に存在しているので、それらが結集する必要があるという議論だった。当時は理念と政策での結集が構想された。二〇一〇年代前半にはすでに類似の主張を行う少数政党が乱立する状況で、当時とはやや様相が異なっていた。結集が実現するか否かは二〇一〇年代末の本書執筆時点において定かではないが、結集の理念と論理は未だ明確にはならないままである。

近いうちに
――一度抜いたら二度と戻せない伝家の宝刀

※平成二四年（二〇一二年）トップテン選出　野田佳彦（内閣総理大臣）／消費税増税を巡って野党の反発が高まるなか、野田首相は自民・公明の協力を求め、三党党首会談の席上「近いうちに国民に信を問う」と発言。解散総選挙と受け止められたが一向に解散の動きを見せず、「近いうちとはいつのことか？」と責め立てられた。ようやく実現した「近いうちに解散」は党首会談からちょうど一〇〇日目の一一月一六日だった。

首相の解散権は伝家の宝刀と言われている。抜くか、抜かざるか、抜くとしたらいつ抜くのかが与野党に対する権力の重要な源泉である。ところが、野田内閣が重要視した社会保障の充実・安定化と、安定財源確保、財政健全化の同時達成を目指した社会保障と税の一体改革関連八法成立を目前にした三党党首会談で、解散に言及してしまう。

一度吹いた解散風は止められないともいうが、永田町をヤキモキさせながら、最後は国会論戦の中での言及が民主党政権の終焉に繋がった。それは政治日程の管理に長け、低投票率ながら度々選挙戦に勝利し、政権の安定的運営に繋げた第二次以後の安倍内閣と対象的な姿であった。

換言すると、野党にとっての決定的な敗北であった。直接的な理由が当時の民主党にあるかどうかは明白ではないが、野党に対する不信感が社会に根強く醸成された。現実には必ずしもそうでないにもかかわらず、「野党は反対ばかり」「国会審議に非協力的」といったイメージは染み付いてしまっている。野党はこの状況をより深刻に捉えるべきだ。

その傷は二〇一〇年代末の現在においても、癒えておらず、例えばＮＨＫ放送文化研究所の「政治意識月例調査」によれば野党第一党の立憲民主党の政党支持率は二〇一八年五月で四・八％。政権担当能力をもって与党と現実的に伍して、政治に現実的な緊張感をもたらす野党の息吹は感じられないままである。

第四章
非言語化する政治情報と迷走するメディアの存在意義
——安倍一強時代の戦略的言語

新しいメディアの活用で展開される「イメージの政治」

二〇一二年一二月の第四六回衆議院議員総選挙は民主党政権に対する不信感を追い風に自公あわせて三二五議席を獲得。とくに自民党は公示前一一八議席から二九四議席と議席を伸ばす大きな勝利だった。先行する二〇一二年の自民党総裁選で石原伸晃、石破茂、町村信孝、林芳正に競り勝ち、自民党総裁に返り咲いた安倍晋三率いる第二次安倍内閣が誕生する。

「日本を、取り戻す。」を旗印に選挙を戦った安倍内閣は「アベノミクス」という経済政策に注力した。いつの間にかすっかり鳴りを潜めたが、「大胆な金融政策」、「機動的な財政政策」、「民間投資を喚起する成長戦略」は「三本の矢」と呼ばれ、安倍政権の看板政策となった。

安倍政権は「言葉」を効果的に活用してきた。言葉のみならず、新しいメディアや広報を重視し「イメージの政治」を展開した。それらは個人の資質に起因するというよりは、人為的にデザインされたものだった。「政治の言葉」のみならず、情報技術の発展によって、政治家は「政治のイメージ」全般を新しい形で資源として利用し始めた。たとえば首相官邸のホームページはスマホにフォーカスした写真中心のデザインに大きく変貌し、同時に過去のサイトへのリンクも変更された。官邸は伝統的な広報活動に加えて、インターネットを使った広報にも注力する。YouTube、LINE、Twitter、FacebookをはじめInstagramやSmartNewsといった新しいツールの活用にも余念がない。後述する二〇一三年の公職選挙法改正に伴うインターネット選挙運動（以下、「ネット選挙」）の広範な解禁をきっかけにした自民党を始めとする各政党の組織的な情報発信戦略と組織能力の高度化が加速した。

新しい「政治の言葉」を紡ぎ出す首相官邸広報機能の強化は平成を通じた統治機構改革の影響を受けたものでもあった。一九九〇年代末の統治機構改革は、直接的には橋本龍太郎に起因する。はじめて小選挙区比例代表並立制が導入された一九九六年の第四一回衆議院議員総選挙を経て、橋本は行革に本格的に着手する。

そのキーワードとなったのが官邸機能強化だった。かねてから日本の行政は縦割りの弊害や政官関係の不整合に伴う機動力の乏しさが指摘されていた。橋本行革はその解決を念頭に置いたものだった。

一九九八年に成立した中央省庁等改革基本法が橋本行革を可能にしたが、内閣法の改正によって内閣広報官が設置された。

内閣広報官は政治任用の事務次官級のポストで、副広報官は官僚の出向ポストである。組織としては内閣官房の内閣広報室、内閣府の政府広報室、さらに各府省の独自広報が政府広報を担うようになったが、なかでも小泉内閣のもとで、メールマガジンの発行やラジオ企画、そしてのちにやらせも発覚する郵政民営化についてのタウンミーティング等、総合的な広報が模索されるようになった。

政府だけではなく、政治（政党と政治家）も並行して新しい広報を模索した。拙著『メディアと自民党』（角川書店／二〇一五年）や『情報武装する政治』（KADOKAWA／二〇一八年）で論じたように、メディアの中心がマスメディアから、情報発信者に多くの創意工夫の余地を持たせたインターネットを中心としたものに移り変わって行くなかで、政治における利活用の模索が始まったのである。

二〇一三年のネット選挙解禁以後、組織としての政党と各選対本部や候補者、政党支部と迅速に戦略と情報をやり取りするための体制づくりが進んでいる。

もちろん従来から広告代理店や世論調査、選挙コンサルタント（スピン・ドクター）の活用は行われていたが、インターネットやソーシャルメディアの対策もコストをかけてそれらに含まれるようになっていったのである。現在では多かれ少なかれ、ネット上の評判や情報を収集、総合、分析し、具体的なインサイトと手法をフィードバックする態勢の構築が与野党問わず模索されている。

ネット選挙の解禁は、インターネットという技術の発展を契機に政治を社会の側に取り戻そうとする、ジャーナリスト津田大介の言葉を借りれば「動員の革命」の契機だった。日本の場合、ネット選挙解禁の理念的追求はなされず、「いかにしてネット選挙解禁を実施するか」という「理念なき解禁」の議論に終始した。

信頼が揺らぎ始めた政治家のイメージと言葉のインフレ化

ネット選挙は、インターネットを使った選挙運動、つまり「政治の言葉」の流通のあり方を変容させるものであった。結論としては「政治の言葉」を含む、政治起点の政治イメージの流通を促した。結局、選挙結果に注目するなら、現在に至るまで「動員の革命」は結実を見ていない。投票率の向上、政治に関するコスト低減といった当時言われた議論は具体化しておらず、しいて言えばインターネットを政治主導の政治的アリーナへと変容させた。もっとも熱心で継続的な政治情報発信の担い手は政党と候補者だ。

結果として、「政治の言葉」の政治性は増し、政治について無防備な生活者にとってそのまま鵜呑みにしがちで政治的選択はいっそう難しくなりつつある。「政治の言葉」やメディアを通じて受け取る「政治の第一印象」そのものがデザインされていると言っても良い。政治情報は言語的な領域にとどまらず、非言語的領域のイメージ全般を扱うようになろうとしている。

言い方を変えれば、政治の言葉が信頼可能かどうか常に注意深い検討が必要な局面を迎えている。政治家と会ってみて、話してみて、「政治家らしくなかった。ビジネス感覚を持っていて、信頼できる」という（ビジネスパーソンや学生からよく聞く）直感がデザインされたものである可能性はますます否定できなくなっている。

国会議員であれば、例えば参議院の東京選挙区の場合、数十万〜一〇〇万票程度が当選に際して必要になってくる。候補者たちには有権者感覚に最適化するインセンティブがある。言葉のみならず政治家のイメージの信頼可能性が揺らいでいる。

政治が二〇一〇年代に入って、ようやくインターネットやソーシャルメディアに強い関心を示すようになったのはひとつの適応行動だ。二〇一〇年代に入って、日本でも明らかにメディアの中心はインターネットになった。広告費ではテレビに次ぐ存在感を見せるようになって、従来型メディアでも制作陣は「ネットで話題の〜」を探している。実際、報道各社は「ネットで話題の〜」を探すための専用ツールを用意している。ＪＸ通信社の「FASTALERT」などはその代表格だ。

技術革新は政治の合理性を加速させるかのようだが、実際にはそうとも限らない。かつて宮沢喜一や橋本龍太郎らがテレビという政治本来のアリーナの外部での発言が引き金となってその職を辞したような時代と比べると、三〇年で「政治の言葉」は格段にインフレ化した。政治家は雄弁になり、直接情報を発信できるインターネットやソーシャルメディアを駆使して政治情報を発信するようになった。そのかわりではないが、ひとつひとつの言葉の重みは格段に低下した。

発言の責任は軽くなり、齟齬《そご》が明らかになれば、それらはあくまで過失であるから、訂正すれば良いという規範が定着しつつある。政治資金についても同様だ。まったく好ましい状況とは思われない。二〇一八年の新語・流行語大賞トップテンにノミネートされている「ご飯論法」はその象徴だ。

「政治の言葉」の対象は言葉から非言語の情報を含むイメージ全般に拡大した。静止画、動画、とくに音響やテロップ編集等を通じて加工された情報化時代でも、それらを含むイメージを理性的に読み解くコストを負担する意欲のある生活者、有権者はそれほど多くないうえに、ジャーナリズムの革新は政治のそれに劣後している。それどころか、日本で政治報道の中心的役割を担ってきた新聞ジャーナリズムは平成末にかけて大きく発行部数を減らし、メディアとしてのパワーを急速に失いつつある。

だが、新聞を代替する規模と存在感、信頼感を持ったメディアについての共通合意は得られないままだ。テキストを中心に、速報媒体としての優位性を失いつつある新聞は「熟慮のメディア」として次の時代を存続できるか正念場を迎えつつある。こうした変化が、ちょうど平成が終わりを告げ令和を生き始めた日本の政治と言葉を巡る概況だ。こうした過渡期において、政治家、そして社会がどのように政治と言葉、そしてイメージを巡る新しい状況と向き合うべきなのか。答えは未だ明確にはならない。

二〇一〇年末になって、いよいよ日本でも人々の情報接触がインターネット、なかでもソーシャルメディアに軸足を置いたものになりつつあることが明白になってきた。共有された文脈を期待できず、それどころか使われている言葉の同一性さえ確認されないまま進んでいく「議論」やバイアスをどのように、公的なものに接続していくのか。政治が「政治の言葉」のみならず、広範な「政治イメージ」を資源として活用しようとするなかで、誰が、どのように一般的な生活者の利益に立って政治情報を読み解いていくのかを急ぎ考える必要がある。

アベノミクス
――「三本の矢」は日本経済を立て直したか？

※平成二五年（二〇一三年）トップテン選出　安倍晋三（内閣総理大臣）／デフレ経済からの脱却を目指す第二次安倍晋三政権の経済政策の総称として命名され、定着した造語。第一次安倍内閣時に中川秀直自民党幹事長が初めて使用したとされているが、二次政権の経済政策は、当時とは全くの別物になっている。政策の柱となるのは、インフレターゲットを設定した大胆な金融緩和、東日本大震災の復興も含めた国土強靭化のための機

動的かつ大規模な財政出動、民間投資を促すための経済戦略の三つで、安倍首相はこれを「三本の矢」と表現して政策を推し進めた。

安倍内閣が看板政策として掲げてきたのが経済政策のアベノミクス。評価は非常に難しい。確かに株価は大きく改善し、失業者数は減少した。景気動向と強い逆相関があるとされる自殺者数は大きく減少した。

株価に注目するなら、第二次安倍政権発足直後の二〇一三年一月の日経平均株価は月末終値が一万一一三八円。二〇一九年三月は二万一二〇五円。厚生労働省「労働力調査」によると、二〇一三年の完全失業者数は二六五万人、完全失業率は四・〇%。それに対して、二〇一九年三月の完全失業者数は一七四万人、失業率は二・五%。警察庁の「平成二五年における自殺の状況」、「平成三〇年における自殺の状況」によれば、二〇一五年の自殺者数は二万七二八三人、二〇一八年の自殺者数は二万八四〇人。顕著な改善と言わざるを得ない。ただし、途中、消費税率の八%への引き上げを実施し、脱デフレと経済成長の基調は鈍化したままだ。

またすでに言及したように、いつの間にかアベノミクスはその姿を変えている。現在において「大胆な金融政策」こそ継続しているものの、「三本の矢」という言葉は官邸ホームページからも姿を消し（更新されない旨が表示されている）、「アベノミクス 成長戦略で明るい日本に！」という見出しを掲げたサイトが用意されている。そこには下記のように記され、いつの間にかＡＩやビッグデータ、ＩｏＴ対応が現在進行系のアベノミクスとも取れるようなサイトが用意されている。

平成三〇年六月一五日、「Society 5.0」「データ駆動型社会」への変革に向けて、未来投資戦略二〇一八を閣議決定しました。「未来投資戦略二〇一八」では、IoT、ビッグデータ、AI、ロボットなどの第四次産業革命の技術革新を存分に取り込み、「Society 5.0」を本格的に実現するため、各種の施策の着実な実施を図りつつ、これまでの取組の再構築、新たな仕組みの導入を図ります。

（「アベノミクス　成長戦略で明るい日本に！」首相官邸ホームページ」（https://www.kantei.go.jp/jp/headline/seicho_senryaku2013.html）より引用）

安倍政権がキャッチフレーズを効果的に活用してきたのは冒頭に記してきた通りである。

そしてそれらは従来の「政治の言葉」よりも強い印象を残している。そしてそのイメージすら次の時点における政治リソースとして活用され、同じフレーズを使いながら看板政策の実態は変化しているということが生じている。

当然だが、よほど注意深く政治を見ている人やジャーナリストや政治学の研究者などを除いて、多くの生活者はそれほど頻繁に政治に対するイメージを更新したりはしない。イメージを柔軟に使いこなす政治は現代的で魅力的な表層を持っているが、それは必ずしも生活者の味方であるということを意味しないということを想起したい。

特定秘密保護法
――公文書の改竄、隠蔽による不信感から反対の声も

※平成二五年（二〇一三年）トップテン選出　西山太吉（ジャーナリスト）／同年一二月六日に成立した「特定秘密の保護に関する法律」は、防衛、外交、特定有害活動の防止（ス

パイ防止)、テロリズムの防止の四分野で、日本の安全保障上、漏洩が懸念される情報を「特定秘密」に指定することを目的としたもの。国民の知る権利や個人のプライバシー侵害など多くの問題点が指摘され、国会は迷走。大規模な反対デモも繰り返された。

政府は嘘をつく。情報の隠蔽、世論の誘導を行う。そのことを、身をもって明らかにしたのが西山太吉氏の半生でもある。

一九七二年に沖縄県は日本に返還された。沖縄返還に際して核持ち込み、米軍基地の返還にあたってのコスト負担に関する密約をメディアと政界に暴露したのが西山氏だった。ところがその情報入手過程の瑕疵《かし》がスキャンダラスに検察からリークされる。結果、氏は国家公務員法違反で起訴され、毎日新聞社を追われることになった。その経緯はジャーナリスト澤地久枝の『密約』(岩波書店)などに詳しい。

しかし米公文書の公開などを受けた民主党政権は再調査にあたる。文書の不在、散逸などで詳細な立証は困難とされつつも、広義の密約の存在は露呈した。薬害エイズ事件などもそうだし、平成末にも公文書の改竄、隠蔽が次々と明らかになった。

二〇一五年の特定秘密保護法は国会審議の過程から大きな論議を巻き起こした。肯定側の論理は外交上の必要性を説き、否定側は日本政府に対する不信頼で大きな議論を巻き起こした。のちにSEALDsを結成する若者たちは大規模なデモを繰り返した。しかし結果的には、特定秘密保護法はあっけないまでに成立してしまった。

ブラック企業

――顕在化した労働問題と空回りする「働き方改革」

※平成二五年（二〇一三年）トップテン選出　今野晴貴（NPO法人POSSE代表）／常軌を逸した長時間労働や劣悪な労働条件で従業員を酷使し利益を上げる企業に対して名付けられ、そうした企業が増えている厳しい現実がクローズアップされた。

二〇一〇年代に入って、新語・流行語大賞もブラック企業の問題を取り上げている。かねてから問題視されてきた日本の長時間労働は、二〇一〇年代にも改善の兆しを見せていない深刻な状況だ。

厚生労働省の「毎月勤労統計調査」によると、労働者全体の総実労働時間はピーク時の年間一九〇〇時間から最近では一七〇〇時間くらいにまで短縮されているように見える。だが厚生労働省は、就業形態が影響していて、一般労働者の労働時間は短縮しておらず、一九九〇年代後半以後のパートタイム労働者の増加が影響していると分析する。

実際、一般労働者に限定した総実労働時間は一九九〇年代から現在に至るまで二〇〇〇時間前後でほぼ横ばいで推移していて、短縮していない。

それに対して、就職氷河期や高齢化、規制緩和等の影響を受けていると見られるパートタイム労働者の比率は一九九〇年代後半の一五％程度から現在では三〇％近く、非正規雇用全般でいえば四割近くにまで増加している。パートタイム労働者の総実労働時間は一九九〇年代の一二〇〇時間弱から一一〇〇時間弱にまで短縮しており、これらが影響していると見られている。

要するに、労働問題は未だ全く解決していないということである。

ブラック企業問題はその後、日本を代表する大企業での相次ぐ労働者の自殺などが世論を喚起し、安倍政権は「働き方改革」を主張するようになった。それは二〇一八年の働き方改革関連法の成立に結実する。ただ議論の途中から厚労省の勤労統計の瑕疵が明らかになるなど、十分な議論は尽くされないままであった。

またホワイトカラー・エグゼンプションとして長く懸念されてきたはずの労働時間と収入の分離が行われることになった。二〇一九年四月から働き方改革関連法は施行され、士業、研究・開発など一部の限定された高収入職種からではあるものの、同法は実際に運用される局面に突入した。

本来合わせて必要だったはずの採用や雇用を含めた日本型雇用のあり方が議論されるべきだったが、対症療法的かつ企業の都合を重視しながら議論されているがゆえに、部分的で断続的な「改革」が相次いで生じている。

ヘイトスピーチ

――ネットからリアルへ、深刻度を増す人権問題

※平成二五年（二〇一三年）トップテン選出　五野井郁夫（国際政治学者）／人種や国籍、性的指向、あるいは障害の有無など、個人的な属性を理由に差別的な憎悪表現をすることを指す言葉「ヘイトスピーチ」がこの頃から盛んに使われるようになった。

ソーシャルメディア上のみならず、新宿、川崎、京都の路上においてさえ、在日朝鮮人や朝鮮人学校などを対象にしたヘイトスピーチやデモが社会問題化した。ネット右翼系の団体が主導し、それに反対するグループがカウンターを組織し、両者が激しく衝突した。ネットと路上が直結した点は新しいが、問題の複雑さを強調した。

問題の直感的理解は比較的容易だが、対策はなかなか難しい。憲法第二一条は以下のように表現の自由と言論の自由を保障しており、両立が求められるからだ。

第二十一条
集会、結社及び言論、出版その他一切の表現の自由は、これを保障する。
検閲は、これをしてはならない。通信の秘密は、これを侵してはならない。

しかし二〇一〇年代半ばにかけて各地でヘイトスピーチに関する民事、刑事の訴訟が相次いだ。二〇一七年には在日朝鮮人フリーライターの李信恵氏が「在日特権を許さない市民の会」（在特会）と、桜井誠前会長を訴えた訴訟で、在特会側の敗訴が確定した。その過程で複合的な侮辱行為が認められている。日本でも現代的なヘイトスピーチ規制に関する法的規範の形成が進み始めている。

集団的自衛権
――錯綜する様々な憲法解釈を国民は理解できたのか

※平成二六年（二〇一四年）年間大賞　受賞者辞退／不法な侵害を受けた国家と密接な関係にある国家が、直接的に侵害を受けていない場合でも協力して防衛を行うことができる国際法上の権利。「しっかりと、丁寧に説明」と安倍首相は熱心に説明を繰り返したが、どこまでが集団的自衛権の行使にあたるのか、解釈は曖昧なままだ。

長く政府の憲法解釈として、集団的自衛権の行使は違憲とされてきた。だが、二〇一四年の閣議決定はその解釈を変更し、集団的自衛権の部分的行使を認めることになった。従来、武力行使は急迫不正の侵害、つまり「武力攻撃事態」等に、米軍に対する後方支援は一九九九年成立の周辺事態法が言うところの日本の地理的周辺で生じる「周辺事態」という個別的自衛権において対処可能な範囲に限られていた。

だが、「日本と密接な関係にある他国に対する武力攻撃が発生し、これにより日本の存立が脅かされ、国民の生命、自由及び幸福追求の権利が根底から覆される明白な危険」が生じる「存立危機事態」において、他の手段の不在と必要最小限の実力行使という条件のもとでもあり得るとした。周辺事態法が言うところの周辺事態もまた地理的制約が削除され、新たに「放置すれば日本への武力攻撃にいたるおそれのある事態」という「重要影響事態」概念を提示する重要影響事態安全確保法が二〇一五年に成立することになった。この是非を巡ってやはり世論に大きな議論が巻き起こり、翌年、若い世代で結成されたSEALDsを中心に大規模な官邸前デモが繰り返されることになった。

ただし、一連の平和安全法制整備法は一〇の法律を一括改正することになっていたこともあり、法改正の実情はごく一部の専門家を除き、報道や反対側の陣営を含めてほとんど共有されていたとは言い難い状況であった。そのなかで「賛成／反対」という二項対立だけがまるで踏み絵のように独り歩きし、多くの国民は議論をほとんど理解しないままに数の論理によって、憲法解釈の変更を伴う閣議決定とそれに伴う関連法制は粛々と成立していくことになった。

第二次以後の安倍内閣では国民生活に大きな影響を与える法案において、多くの法律の一括改正を伴う法案を用意しながら、表層のキャッチーな名称と深層に当たる法案の情報量を多くすると同時に、過剰に複雑なものにしながら、数の論理で成立させていく手法が度々見られることになった。高度に複雑化した政治の言葉を読み解き生活者に届ける新しい報道――筆者はこれを拙著『情報武装する政治』（KADOKAWA）などで整理、分析、啓蒙を重視する「機能のジャーナリズム」と呼ぶ――が求められるはずだが、未だネット、マスともに実体化しているとは言い難い状況にある。

日本における政治報道の「王道」は今も政局を伝え、大所高所から読者共同体に向けてその是非の指針を提示する「規範のジャーナリズム」なのだ。

「規範のジャーナリズム」は共同幻想的な読者共同体を前提とする。その存在を期待できなくなったソーシャルメディア中心の時代にジャーナリズムが機能するには、社会において「メディア／ジャーナリズムが信頼できる」という認識の共有、（再）形成が必要だ。そのことがすっかり失念されている。

一億総活躍社会
――次々と繰り出されるコピーの中身はどこに？

※平成二七年（二〇一五年）トップテン選出　安倍晋三内閣総理大臣／安倍首相は「新三本の矢」を発表すると同時に、少子高齢化に歯止めをかけ、老若男女誰もが活躍できて成長と分配の好循環を生み出すことができる「一億総活躍社会」を目指すと宣言した。

二〇一五年九月二四日、安倍首相は「アベノミクスは第二ステージに移る」と述べ、看板の経済政策「アベノミクス」の新たな「三本の矢」を発表した。当初アベノミクスが「大胆な金融政策」、「機動的な財政政策」、「投資を喚起する成長戦略」で構成されていたことはすでに述べた。これが「アベノミクスの果実を活かす」という名目で、「希望を生み出す強い経済」、「夢をつむぐ子育て支援」、「安心につながる社会保障」の「新三本の矢」へと「進化」した。具体的にはGDP六〇〇兆円、合計特殊出生率一・八、介護離職ゼロを掲げた。しかし二〇一八年の日本の名目GDPは約五四九兆円、合計特殊出生率一・四三、介護離職者約九万人と看板をかけかえてなおこれらの数値目標は達成されるには至っていない。

しかも二〇一九年における「アベノミクス」は「新しい経済政策パッケージ」(二〇一七年一二月八日閣議決定)によれば、「人づくり革命」、「生産性革命」、「現下の追加的財政需要への対応」のことを指すようだ。同じコピーを使いながら、次々に別のものを指示する方法によって、現在進行系の「政治の言葉」と、その心理が何を物語っているのかを社会が理解するのは極めて難しくなっている。

首相官邸によれば「一億総活躍社会」とは、次のような社会のことを指すらしい。

●若者も高齢者も、女性も男性も、障害や難病のある方々も、一度失敗を経験した人も、みんなが包摂され活躍できる社会

●一人ひとりが、個性と多様性を尊重され、家庭で、地域で、職場で、それぞれの希望がかない、それぞれの能力を発揮でき、それぞれが生きがいを感じることができる社会

●強い経済の実現に向けた取組を通じて得られる成長の果実によって、子育て支援や社会保障の基盤を強化し、それが更に経済を強くするという『成長と分配の好循環』を生み出していく新たな経済社会システム　（首相官邸「一億総活躍社会の実現」(https://www.kantei.go.jp/jp/headline/ichiokusoukatsuyaku/index.html) より引用）

「一億総活躍社会」は社会的包摂と強い経済を同時に提示する。ちなみにだが、民主党政権時に当時の菅首相が掲げた「第三の道」と相当程度似ている（「新成長戦略――「元気な日本」復活のシナリオ」二〇一〇年六月一八日閣議決定参照）。

第二次以後の安倍内閣は時としてリベラルな政策を採用し、野党との対立争点を消そうとしているかのように見える。耳目を引くばかりで中身が伴わない一億総活躍社会や女性の活躍推進、教育無償化などはその最たるものだ。国家に要請される「一億総活躍」とはどのような社会か。そのことの意味と合わせて考えたい。

SEALDs
――国会前で政治を叫ぶ若者たちの未来はどこにある

※平成二七年（二〇一五年）トップテン選出　奥田愛基（SEALDsメンバー）／安全保障関連法案の反対デモなどで若者の中心となったSEALDs（シールズ）の名は「自由と民主主義のための学生緊急行動」を意味するという。ラップに政治の言葉を乗せて盛り上がるなど、これまでの国会前デモとはタイプの違う政治活動で注目され、マスコミで連日取り上げられるようになった。

SEALDsは軽やかに政治を社会に取り戻そうとした。若者が中心となって様々なセクターをつなぎながら幾度も大規模なデモの中心にいた。従来の「学生運動」、「政治的な若者」像を良くも悪くも打ち壊すような可能性を持っていた。だが、奥田氏やSEALDsのメンバーらに野党を中心とする政治、既存のリベラル政党、運動体、知識人、メディアは同床異夢を見ながら、それぞれの思惑で彼らに多くの役割を背負わせようとした。それはSEALDsが二〇一六年に解散してからも同様である。メンバーの一部は日常に帰り損ねたように見える。南原繁は『人間と政治』（岩波書店）のなかで、「われわれは政治的存在であると同時に、また『非政治的人間』である」と述べている。SEALDsは主に学生で構成されていたわけだから、当然いつかは日常に帰るべきだった。大人がその回路を半ば力づくで閉ざし、彼らの影響力をあてこんでメンバーの一部を政治の世界に留め置いた。

そのうえでリベラルを標榜する陣営が彼らを搾取しているのだとすれば、決して看過されるべきではないだろう。彼らは確かに青春の一時期を深く政治に費やしたかもしれないが、何も生涯同じ強度で政治に関わり続けるなどという責任を負うわけではないはずだ。ありもしない「責任」を彼らに押し付けるのだとすれば、彼らの後に続く者を探すことは極めて難しくなるだろう。

各社の世論調査は近年、若年世代ほど体制肯定の傾向があることを報じているが、実際SEALDs後の若年世代の異議申し立て活動はすっかりSEALDs以前に時計の針を巻き戻したかのように低調に見える。

「大人の過剰期待」が若年世代に過剰な負荷を課していないか改めて考えてみるべきだ。

本来なら、若年世代はそんなものを忖度せず、好きに異議申し立てして、時期が過ぎれば好きに私的生活と私的利益を追求すれば良いのだ。事実、年長の学生運動世代の大半がそうしてきたことも想起されるべきだ。政治的人間は人間の一側面でしかない。

保育園落ちた日本死ね
――匿名の過激な書き込みが取り上げられることの是非

※平成二八年(二〇一六年)トップテン　山尾志桜里(衆議院議員)／同年二月一五日、匿名のブログに「保育園落ちた日本死ね」と題された文章が書き込まれた。一向に解決しない待機児童問題に育児中の母親が怒りをぶちまけたと思われる言葉を、山尾志桜里議員が国会で取りあげ、衝撃的なフレーズは瞬く間に広まっていった。

政治の世界において、ネット発の新しい言葉、そしてイメージが頻繁に導入される／意識されるようになるのがこの時期である。それはいささか過剰にも思えるものであった。匿名で、前年に安倍政権が掲げた「一億総活躍社会」に対する批判が「はてな匿名ダイアリー」に書き込まれた。記述の真偽や創作か否かは不明だが、立法府で取り上げられたこともあり、広く共感を集め、保育環境改善に肯定的な世論を喚起した。

このことの是非は単純には評価し難い。この事件のちょうど一〇年前、永田町を偽メール事件が騒がせたことを覚えている人は決して多くはないだろう。

二〇〇六年、前年の郵政選挙で政界進出を試みた堀江貴文が出馬にあたって、当時の武部勤自民党幹事長の次男に三〇〇〇万円を振り込むよう指示したという「送金メール」を手にしたとして、当時の民主党永田寿康衆院議員が二月一六日に衆院予算委員会で質問を行った。だが、それらはまったく信憑性に欠くものであり、永田議員と民主党は十分な精査を行わないまま「告発」に挑んだのだった。三月二日には永田議員は謝罪記者会見を実施、月末には、当時の前原代表が引責辞任、永田議員は議員辞職の後に、自ら命を絶った。

山尾議員の初当選は民主党ブームに湧いた二〇〇九年の総選挙。偽メール事件の際にはまだ政界には足を踏み入れていなかった。もちろんこの一〇年間でネットの社会的、経済的、政治的位置づけは大きく変わった。より広く受け入れられるようになった。だが、政治システムはそれに順応するだけで良いのだろうか。今回はいまのところ本件を巡って特段の問題は生じていない。それが偶然の産物だとすれば、いささか心もとなく感じられてならない。

忖度
——強権的な政治主導を象徴する言葉として定着

※平成二九年（二〇一七年）年間大賞　稲本 ミノル（株式会社ヘソプロダクション 代表取締役）／「直接の口利きはなかったが忖度があったと思う」という籠池泰典氏の発言がきっかけとなり、以降、政治家への「忖度」が繰り返し問題視されるようになった。

忖度は偏在する。何も日本だけではあるまい。しかし問題は忖度による利益提供や恣意的な利益提供、公文書の改竄、隠蔽、統計不正といった政治行政システムの瑕疵と直結していることだ。

森友・加計疑惑（ただし森友問題については、起訴に至らなかったというだけで公文書の改竄、修正については事実確認されており、単なる「疑惑」ではあるまい）、自衛隊の南スーダン日報の廃棄、隠蔽問題、厚労省の勤労統計等、これだけ類似の忖度案件が相次ぐと、流石に全く問題がないと考える人は少数だろう。

日本における政治主導は長年の悲願であった。そのためもっぱらどのように中央の政治的意向を反映させるかという仕組み作りに主眼が置かれてきた。

それは例えば民主党時代の国家戦略局構想であり（実際には国家戦略室）、事務次官会議の廃止であったし（実現後統治の限界に直面し各府省連絡会議としてすぐに実質的に再開した）、二〇〇〇年代の統治機構と公務員改革のひとつの完成形として陽の目を見ることになったのが二〇一四年の内閣法改正に伴う内閣人事局の設置であった。二〇〇八年の国家公務員制度改革基本法で一年以内の設置が求められていながら遅れていたものがようやく形になったものでもあった。これによって幹部職員の人事評価や候補者の名簿作成、候補者の選抜において、総理と官房長官の意向が強力に反映されるようになった。

もちろんすでに過去の項目でも扱ったように、薬害エイズ事件しかり、沖縄返還密約しかり旧制度の時代から政府は情報を隠し、存在しないはずの密約を結んできたわけだが、過剰なまでに政治の意向、つまり官邸の意図と整合するように忖度して動き始めたかのようだ。インセンティブの構造としては至極理解しやすい。伝統的な政治と行政の緊張関係のもとでは行政は意図にそぐわない政治を適宜やり過ごすこともできた。多くの場合、政治の時間は行政の時間よりもタイトなものだった。所轄の大臣にせよ、時の総理にせよ、多くの場合一定の時が過ぎれば別の世界に異動していったからだ。

しかし長期政権と高級官僚の人事集約は官僚たちのやり過ごしを不可能にした。言い換えれば政治と行政の関係において、政治優位の状況を生み出している。確かに混迷と意思決定の不透明な昭和政治を嫌ったが、迅速に決定される恣意的で強権的な忖度の政治を望んだわけでもあるまい。

確かに我々は政治の結果を重要視するが、高い就職率、低い失業率、株高だけを政治に期待するというのは政治を市場の補完物と見なしているかのようだ。いま一度、価値と資源を分配する公正な共生のプラットフォームとしての政治をいかにして実現すべきか考えたい。

忖度を悪とみなすのではなく、忖度は人間社会で生じ得るという前提のもとで具体的に三権分立の均衡を阻害する忖度を注意深く排除する制度設計が必要だ。今では中央省庁のみならず、末端の関連する準行政組織にまで中央集権型意志決定へと「改革」が及んでいる。忖度で選ばれた決定権者の意向が迅速に忖度されるようなら、中央集権と忖度の相性は最悪だ。そのことも忘れないようにしたい。

魔の二回生
――支持率急落を招いた不祥事続発の安倍チルドレン

※平成二九年（二〇一七年）トップテン選出　森山志乃芙（産経新聞編集局整理部記者）／務台俊介内閣府政務官、中川俊直議員、豊田真由子議員、武藤貴也議員、宮崎謙介議員と、自民党若手議員に次々と不祥事が発覚。当選二期の安倍チルドレンばかりだった。

二〇一二年、二〇一四年、二〇一七年の衆院選で自民党は単独二九四、二九一、二八四

とそれぞれ多くの議席を獲得した。多くの候補者が必要となったが、国政進出が容易な時期だったとも言える。結果、派閥時代ほどの地域活動、政治活動を伴わない「政治家」も当選してしまった（もちろん昔は記録や共有の手段が乏しく、また規範意識も現在とは異なったため、単に表沙汰にならなかっただけかもしれない）。ここに名前があがっている政治家たちはいずれも二〇一二年初当選、二〇一四年再選組で不祥事を起こして世論の批判を浴びた衆議院議員たちだ（対象的に小泉進次郎議員は自民党が野党として苦杯をなめていた二〇〇九年初当選である）。「魔の二回生」と言うとおどろおどろしいが、もちろん多くの他の同期の国会議員たちは不祥事を起こすことなく、政治活動に邁進《まいしん》しているはずであることもまた忘れるべきではないだろう。

ご飯論法

——不誠実な論法で改憲議論を進めて良いのか？

※平成三〇年（二〇一八年）トップテン選出　上西充子（法政大学キャリアデザイン学部教授）紙屋高雪（ブロガー・漫画評論家・紙屋研究所所長）／裁量労働制に関する国会審議で加藤厚生労働大臣の論点をすり替えたのらりくらりとした答弁を指して広まったのがこの「ご飯論法」。似たような答弁が何度も繰り返され、国民を呆れさせた。

パンを朝食に食べたとき、「朝ごはんは食べたのか」という質問に対して否と回答するのがこの語法だ。取り方によっては、確かに米飯は食していないので、嘘をついたとまでは言えないかもしれない。「ご飯論法」とは言い得て妙である。確かに嘘はついていないかもしれないが、社会と国民に対する誠実さに欠く。むろん最終的には選挙の行方を見守るほかないが、そのような「国民の代表」を信頼することができるだろうか。

この語法を使用し、拡散させたのが、当該の受賞者らだ。とくに労働問題の専門家で「国会パブリックビューイング」という国会審議の衆人環視を促す活動の代表を務める上西のブログに事情が詳しい（「朝ごはんは食べたか」↓「ご飯は食べてません（パンは食べたけど）」のような、加藤厚労大臣のかわし方（上西充子）- Y!ニュース https://news.yahoo.co.jp/byline/uenishimitsuko/20180507-00084931/）。

このブログのなかで、「ご飯論法」に該当する語法として「論点のすり替え」、「はぐらかし」、「個別事案への不回答」、「答弁拒否」、「過去事実の書き換え」の五つがあげられている。すでに問題視されているが、幾つかの典型的なパターンが存在することがわかる。平成から令和の改元ムードのなかですっかり忘れられてしまったかのようだ。その一方で、平成末から議論の渦中にあった高度プロフェッショナル制度を含む働き方改革関連法や入管法改正は施行されている。それらとどう向き合っていくのか、また憲法改正の是非を巡る議論は共産党を除き明確な護憲を主張する政党が見当たらないままに、強く改憲を主張する自民党主導で進められている。戦後日本とその繁栄を七〇年以上にわたって規定してきた憲法の形と行方がご飯論法で決まってしまうことのないよう注視すべきだ。

平成最後の新語・流行語大賞を飾った「政治の言葉」が「ご飯論法」という政治的規範の劣化を象徴する、情けないものであったということを、令和の時代においても胸に刻んでおきたい。

第五章

対談　松井剛×西田亮介

マーケティング化する政治と「言葉政治」の行く末

松井 剛（まついつよし）

一九七二年生れ。一橋大学大学院経営管理研究科教授。専門はマーケティング、消費者行動論、文化社会学など。著書に『ことばとマーケティング～「癒し」ブームの消費社会史』（碩学舎／二〇一三年）、『欲望する「ことば」～「社会記号とマーケティング」（共著／集英社新書／二〇一七年）など。

テレビ政治の始まりと中曽根政権

西田亮介（以下、西田）　本書では平成三〇年間に巷間で広く使われた政治の言葉に焦点を当てながら日本の政治を振り返っていますが、メディアの進化と連動しながら、政治家が発する言葉そのものの変質や影響力の変質というものが如実に表れている気がします。同時に、メディアや世論の中から生み出された言葉たちにも、それぞれの時代における政治との距離感の違いを感じ取ることができたのではないかと思っています。松井先生は『ことばとマーケティング――癒しブームの消費社会史』（碩学舎）や『欲望する「ことば」――「社会記号」とマーケティング』（共著／集英社新書）で、マーケティングから生まれた「ことば」が社会に定着し「社会記号化」する事態に着目し、それが市場に与える影響について分析されています。その観点からすると、政治の世界で使われる言葉は、どのように見えますか。

松井 剛（以下、松井）　政治家の最も大切な仕事は「語る」ことだと思います。ここで言う「語る」とは、単に言葉を発するだけでなく、言葉を通じて相手のモノの見方や行動を変えるということに他なりません。その意味で、政治家とマーケターはとても似ていますよね。言葉を伝達する手段としてのメディアが変わることで、マーケティングの手法も大きく様変わりしてきました。政治家の言葉の使われ方にもある種の変化が生じるのは当然のことではないでしょうか。その変遷の歴史として平成の三〇年を振り返ってみるのは、政治分野だけでなく、ひとつの社会学的な考察としても興味深いところです。

西田　いにしえより、言葉は政治において重要な役割を果たしてきました。近代以前は「暴力」もまた政治につきものでしたが、現代政治、特に国内政治には、言葉の力がいっそう重要になっています。言葉というとき、「何を語るか」という内容はもちろんですが、「どのように語るか」という形式も重要でしょう。形式には情報を発信するメディアの選定や「語り口」も含みます。

松井　「どのように語るか」を考えたとき、時代をさかのぼれば、まずは中曽根康弘政権時の「一〇〇ドルショッピング」に辿り着くのではないかと思うんですね。政治家が国民にわかりやすく語りかける、という姿がテレビで映し出されたのは、おそらくあれが最初だったのではないか。「戦後政治の総決算」とか「不沈空母」とか、中曽根さんの言葉には国民の耳目を引くわかりやすさがありますね。

西田　中曽根さんのわかりやすい言葉の背景には、テレビへの意識があると思われます。おっしゃる通り中曽根さんは世論を意識した最初の総理と言われており、それ以前は永田町政治に長けた人が派閥の領袖となっていましたが、わかりやすい言葉を造語し、テレビを使って世論に訴えかけることで政権を維持した人ですね。後に世論政治家として登場する小泉純一郎の先鞭とも言える存在。一九八〇年代に注目するならば、テレビ政治が本格的に前面に出てきたのがこの頃だと思うんです。「ニュースステーション」(一九八五年一〇月放送開始)に象徴される、新しいスタイルのニュース情報番組が立ち上げられるなど、新たな一歩を踏み出しました。それに伴い、新聞が圧倒的に強かった政治でも、相当な影響力を持つようになりました。あくまで中心的存在は新聞だったけれども、テレビ局が一歩踏み出した、という言い方も出来そうです。中曽根政権の一九八二年から一九八七年はまさに、そんな時期ですね。

松井　「わかりやすい話、話しかける政治」を中曽根さんが出してきたのは、それまでがわかりやすくなかった、ということですよね。話しかけていなかったからこそ、立つ言葉になった。

西田　メディアと政治がそれまで以上に相互作用し始めた、と言えばいいでしょうか。メディアが政治を面白く取り上げ、それを踏まえて政治の側がまた何かを発信する。テレビ政治に特徴的な「劇場型政治」もこの時期に始まっていると見ていて、それに乗りやすい、わかりやすい言葉を中曽根さんは重視したように思います。その影響力を、少なくとも潜在的には意識したであろう政治が始まった時期なのではないか。その意味でいうと、小池百合子都知事が華々しくキャスターから政治家に転身したのは一九九二年のことでしたが、平成の時代における、ある種の紋切り型、劇場型政治につながっていくような政治家とメディアの潜在的な条件がこの時期に芽生えたのだと思われます。

松井　テレビに乗っかりやすい言葉というのは、やはり新聞で映えやすい言葉と同じではないでしょうから、言葉の質もその時期から変わりつつあったということになります。

西田　確かに違いますね。編集の手が入る新聞と違い、テレビでは政治家の言葉が「そのまま」出ますから。本当はイメージ自体が操作された、あるいは何らかの意図をもって作られたものであるにしても、直接訴えかけることができるように思われる。新聞がメインだった時代は理性的で論理に沿った重みのあるものが重視されていましたよね。たとえば吉田茂の『大磯随想』や『回想十年』などを読んでみると、非常に筆が立つと言いますか、彼自身の重厚なメッセージが論理的に語られている。新聞を中心としたテキスト媒体、ある程度の分量がまとまって掲載されるようなテキストが念頭に置かれていた。それが新聞というメディアの形式に適合的でした。少なくともメディアとの関係においては、そういうコンテンツが対応していたのだと思う。しかしその一方で、テレビの存在が大きくなっていく過程で、論理よりも直接的な物言いへと変わっていった。ひと言でわかるかどうか。瞬間で伝わるような、サウンドバイト的なもの。そして、この「瞬間」を切り取るというのも重視すべきテレビの特性です。一定の長さのテキストとして記述され、評価されるメディアと違い、テレビの場合は全部見ているかどうかはあまり関係がなくて、瞬間、瞬間、瞬間があって目立ちさえすれば成立する。したがって政治家が世論に訴えかける言葉も、瞬間に最適化されるものであればあるほど効果的になる。そして切り取られた「瞬間」のメッセージは繰り返し流され、言葉の表層的なイメージだけが増幅していく。加えて、「政治の言葉」の演出的要素の重要性が増し、プロ化していきます。

松井　小泉純一郎の「ワンフレーズ・ポリティクス」はその最たるものでしょう。

西田　おっしゃる通りです。「小泉劇場」へと繋がっていくような、ある種の「テキスト離れ」が始まったのもテレビ政治の特徴ですね。この傾向はインターネットの登場によってますます顕著になっていくわけですが、そういう土壌が一九八〇年代に生まれた。また、テレビでは挙動、身なり、語調がそのまま伝わるので、政治家は言葉だけではなく、そうした点も意識するようになる。中曽根さんはそういうことにも長けた人でした。

社会記号としての言葉政治

松井　西田先生が『メディアと自民党』（角川新書）などで言われているように、平成の時代に入って以降、そうした政治家の「イメージ」を伝えることが戦略的に行われていく、ということですが、その試行錯誤と呼ぶべきなのか、平成をあらためて振り返ってみると政権ごとの特徴が出ていて非常に興味深く思いました。

西田　メディアに対する向き合い方にもそれぞれ特徴があります。テレビを意識し始めた政治家の中には、それに適応した人とそれを嫌った人と、両方のタイプがいたかと思います。強い派閥から出てきたわけではなく「風見鶏」でバランス感覚に長けていた中曽根さん、小泉さんはもちろんのこと、小渕さんなども上手に適応していた印象ですね。平成の時代は竹下登政権からスタートするわけですが、竹下さんは何を言っているのかわからない答弁を延々と続けて「言語明瞭意味不明瞭」などとからかわれるほどで、テレビ的なものに全く適応できないタイプでした。細川護熙首相は「殿」のイメージが前面に押し出され極めてテレビ的な存在でしたが、肝心の言葉による発信は全く苦手でした。

松井　「風見鶏」は誰かが名付けたネガティブワードですよね。テレビが「風見鶏」的なイメージを切り取り増幅させることでネガティブな呼び名がどんどん広まってしまう。政治家にとって大きなダメージがあるはずですが、それに対して、カウンターとして対応していくような適応性、戦略性までは、さすがの中曽根さんも思い至らなかった。

西田　少なくとも党として戦略的にデザインするということはまだなかった時代ですね。政党全体のイメージや統一性はかなりまちまちなので、まったくなかったとは言えないにしても、あまり考えることはありませんでした。

松井　イメージを戦略的にデザインして伝える、という試みは、まさしくマーケティングに通じるものがありますが、政治の言葉は我々がふだん使っている言葉と違い、世の中に働きかけて社会を変えよう、社会に影響を与えようという点で、「社会記号」に似た面があります。

西田　本人が発した言葉とメディアなどが作った言葉が混在しているので分けて考えねばなりませんが、社会記号としての分析は興味深いですね。

松井　私は「社会記号」を、「呼称」、「行為」、「脅威」、「カテゴリー」の四類型にわけて分析してきました。最後の「カテゴリー」は、例をあげれば「サードウェーブコーヒー」、「クラフトビール」といった類の言葉で、マーケティングに特有な概念なので除くとして、「呼称」、

「行為」、「脅威」の三つに照らしながら政治の言葉を分析してみましょう。

西田　「呼称」については、さきほど例にあげた中曽根さんの「風見鶏」がまさに該当する言葉ですね。平成時代の首相に与えられた「呼称」としてすぐに思い出されるのは、細川護熙首相の「殿」、小渕恵三首相の「冷めたピザ」、小泉純一郎首相の「変人」、鳩山由紀夫首相の「ルーピー」、あるいは野田首相の「どじょう内閣」などでしょうか。

松井　あとは「イラ菅」なんていうのもありましたね。マーケティングで使われた「呼称」は、「美魔女」、「エビちゃんOL」といった例がある。詳しいプロセスはともかく、呼称そのものが認知されることによって、ファッションなど関連する新しい市場を創出しました。政治家の場合はもちろん市場の創造こそしませんが、ラベリングをすることで複雑な政治をわかりやすくする効果があります。その政治家の人格や行動のすべてを十全に表現しているわけではありませんし、むしろ非常にステレオタイプ的な表現と言えるでしょうが、しかし端的な言葉であるがゆえに、広く人口に膾炙《かいしゃ》します。

西田　「呼称」は政治家の「人となり」をひと言で言い表します。肯定的な言葉か否定的な言葉かで、特に選挙のときには雲泥の差があります。

松井　いったん定着すると、政治家はそのイメージに縛られますからね。そういうリスクは常にあると思います。

西田　「どじょう」のように、自分から言い出した表現だったり、あるいは「変人」のような好意的にもとれる表現ならまだしも、「ルーピー」のように完全に否定的なレッテルを一度貼られてしまったら、そのイメージを覆すのは難しいでしょう。

松井　逆に言えば、メディア側が意図的にネガティブワードを流布させて効果的なラベリングを行い、政治家を失脚させることも不可能ではない。

西田　アメリカではネガティブキャンペーンも当たり前のように行われています。米メディアと、それをすべて「フェイクニュース」と切り捨てるトランプの対立は相当に根深いようですが。

松井　次は「行為」についてです。マーケットではある種の行動に名称をつけるケースがある。たとえば「婚活」や「ヒトカラ」。こういった「行為」に関する社会記号もまた、市場を創造します。「呼称」との違いは「動機のボキャブラリー」である点です。別の言い方をすれば、何らかの行為をする理由について、通りのいい説明になる言葉です。「婚活」を例にとって解説しましょう。これまで日本社会には、結婚相談所などの出会いサービスを利用することに対し、後ろめたいイメージがありました。しかし、仕事探しに積極的に取り組む「就活」

という、すでに広く使われている言葉を模した「婚活」という造語が生まれたことによって、結婚探しに積極的に取り組むというポジティブなイメージが作られ、出会いサービスを利用する敷居が低くなった。言葉が生まれ、社会記号として認知されたおかげで、その行為もまた肯定的に受け入れられ、本人も引け目を感じずに済むようになった。そして「婚活していいます」と言われたほうも、違和感を持たずに納得できるようになった。そこに市場が創造されたのです。こうした「行為」に当たる政治の言葉としては、村山富市政権が掲げた「人にやさしい政治」、小泉政権が掲げた「聖域なき構造改革」が挙げられるのではないでしょうか。本来は権力行為である「政治」に「やさしい」という形容詞がつくと、政治に対する警戒感がなくなる。「構造改革」という、自分の社会が変えられてしまうかもしれない改革も、「聖域」なく公平にやるなら受け入れられる。同意しやすい動機のボキャブラリーの典型と言えます。

西田　なるほど。原発再稼働の是非が強く問われた二〇一三年当時、「原発再稼働を肯定する」と直接的に言うか、「原発問題については原子力規制委員会の判断を尊重する」と間接的に言うかで、受ける印象は大きく異なったでしょう。当時の自民党のメディア対策の中枢を担った「T2」(Truth Team)は後者を推奨していました。「動機のボキャブラリー」を政治的にうまく使った例と言えますね。

松井　そして三つ目の「脅威」は、「加齢臭」、「メタボ」といった解決すべき問題のことを指します。それまでも存在していたことにラベルを与えて問題として顕在化させ、解決するべきものとするわけです。「加齢臭」は一九九九年に資生堂が造語したことで注目を集め、シャンプーや石鹸、消臭クリーム、下着など、「加齢臭」を抑える様々な関連商品が発売されました。もちろん命名される以前から同じ匂いは存在しており、むしろ「お爺ちゃんの懐かしい匂い」と感じる人もいたはずなのですが、「加齢臭」と呼ぶことで一気にネガティブで解決すべき問題となってしまった。私もヒートテックの下着を買ったときに「加齢臭対策バッチリ」などと書かれているのを見つけて、思わず「余計なお世話だよ」と突っ込んでしまいました(笑)。ところが、だんだんと自分の臭いもヤバいんじゃないかと思い始めるようになるんですね。入り込んでくるんです。気にしないつもりでいても気にせざるを得ない状況になっていく。

西田　まさに「問題の顕在化」ですね。

松井　そうです。過去の政治からそれに該当するものを探して見ると、中曽根政権の「角影内閣」や安倍政権に対する「アベ政治を許さない」がそれに該当するのではないでしょうか。

政治の世界では、マスコミや世間が政権批判をするべく牙をむくときに「脅威」の社会記号が使われる傾向があるようです。「角影内閣」には、中曽根内閣には闇将軍といわれる田中角栄氏の影響力があるという問題点の提示と、その影響力は排除するべきであるという解決策の提示があります。「アベ政治を許さない」では、安倍首相の政治は望ましくないという問題点と、だから交代させなければならないという解決策が提示されます。

西田　鳩山政権の「脱官僚」も、官僚を仮想敵とした点で「脅威」の言葉と言えるでしょう。「安倍一強」も、「アベ政治を許さない」よりはマイルドですが、「脅威」に分類されますね。

松井　そして、仮想敵を「脅威」として位置付ける、という意味で最も効果を発揮したのが小泉さんの「抵抗勢力」。これはまさにそうした社会記号化の典型でしょうね。郵政民営化に反対する意見の中にはおそらく傾聴すべき意見もあったはずなのに、十把ひと絡げにして反対する人間を「抵抗勢力」と言い切ってしまう。この言葉が繰り返される中で「正しい自分に歯向かう敵」というイメージを作り上げてしまった。なかなか凄い言葉だなあと思いますね。

組織的に始められた政治家のイメージ戦略

西田　政治報道において新聞よりテレビが存在感を発揮するようになるにつれ、複雑な政治システムを番組の「尺」に収まるように説明することが難しくなり、キャッチフレーズや二項対立をつくり出す言葉が重宝されるようになったことも背景にあるのではないでしょうか。

松井　たとえば「肉食系」と「草食系」のように、単純な二項対立、ペアになる言葉のほうが話題になりやすい、という傾向は確かにあります。ほとんどの人はどちらでもないと思っているし、そんなことを考えてもいない。にもかかわらず、二項対立を提示されることで「どちらかと言えば肉食かな」などと選択してしまう。政治の世界でも同じなのかな。

西田　松井先生は著書の中でアメリカの社会学者タルコット・パーソンズの言葉を引きながら「概念というのはサーチライトである」ということをおっしゃっていましたが、まさにそういうことでしょうか。マーケティングではポジティブな方向に働けばマーケットなり新しい領域なりを創造できるけれども、日本の政治状況を考えた場合、残念ながら有権者側の理解が足りていないという前提があると思うんですね。そこには構造的な問題があって、政治システムの複雑さのみならず、メディアしかり教育しかり、それぞれに恒常的な問題も抱えているわけですが、結局のところ、十分な説明をするには尺が足らず、ますます「言い切り」型のわかりやすいフレーズで、わかりやすくポイントを照らす言葉ばかりが広がっていく。

松井　小泉さんは造語能力に長けた政治家だったと思いますが、そうした「言い切り」のフレーズを意図的にやっていたんでしょうか。もともと強力な基盤を持って出てきた政治家ではなくて、やはり彼の言葉の力によるところが大きいように思えますが。

西田　必ずしもそうとは言い切れないところもあります。はっきりとは申し上げられませんが、いくつかの手記などを読むと、無駄だと言われながらも出馬した総裁選で負けた時は、ボソボソとしゃべっていて何を言っているのか全然わからない状態だったようです。髪型や話し方を含めて日本の典型的な政治家像とは著しく違っていたこともあって個人的な資質に還元する見方が強いですが、当時、与野党ともに広告代理店や外資系ＰＲ会社が積極的に選挙の広報戦略に関与していたことはすでに周知の事実です。戦略を練る「振付師」と「演者」である小泉自身の天性の資質や勘の良さみたいなものが噛み合ったときにそうした言葉が生まれた、という面が大きいのではないでしょうか。小泉さんの場合は本人の性格なのか、プラットファームが求める要望と違った行動を取ることが多かったので、とりわけ巧くはまったのでしょうね。

松井　本人の属性だけではなくて、組織的に、イメージ戦略として言葉の発信を始めたのが小泉時代だったと。

西田　その過渡期であった、という表現がふさわしいでしょう。

松井　「人生いろいろ」なんていうのもありましたが、あれも「振り付け」を踏まえた上で、個人としての発案能力が生み出した成果でしょうか。

西田　そうだと思います。組織的な取り組みで申し上げると、一九九三年の細川護熙内閣による非自民連立政権以来、自民党内における危機感が強まり、一九九〇年代末には現代的なマーケティング活動が始まっていたようです。一九九〇年代は政治とカネの問題が続き、自民党に対してかなりネガティブなイメージが流布していた時期ですし、とりわけ若年世代の女性たちの好感度が低い状況でしたから、支持を回復するための発信に意識を向けるようになっていた。その頃から組織的なイメージ戦略の試行錯誤は始められているんですね。外資系企業のフライシュマン・ヒラート・ジャパンと組んで様々なプロモーションを仕掛けてみたり、例えばスーツの柄を変えてみるとかメガネのフレームをシャープなものにしてみるとか、政治家のイメージを人為的に操作する手法が常態化しています。

松井 民主党なども同様の試みは進めていたのでしょうか。

西田 もちろんやってはいましたし、自民党に負けていませんでした。しかし、小泉政権時の成功体験でそうした組織的戦略やメディア対策の重要性を強く認識した自民党と、敗戦の詰め腹を切らされる形でPRファームとの契約を解消して以来、碌な戦略もないまま来てしまった民主党と、今では大きく水をあけられた形になっています。

欲望の言語化が世論を動かす

松井 自民党がイメージ戦略を高度化させていく一方で、メディアの側の発信力についてはどうでしょう。社会記号につながる造語という点で、マーケティングの世界において造語能力が高いのは雑誌、特にファッション誌です。女性誌の『VERY』がつくった「公園デビュー」は一気に広がりました。政治の分野でも突出した存在があるのでしょうか。

西田 やはり新聞や雑誌がロゴス、論理を重視した言葉をつくるのに対し、テレビやネットは、松井先生の表現を借りれば「欲望を喚起」する直接的な言葉をつくるという違いがありますから、全般的な傾向としてテレビとネットのほうが人口に膾炙しやすい言葉を発信する能力が高いとは言えそうです。

松井　やはりそうでしょうね。ただ、雑誌の中でも週刊誌などはテレビ寄りと言いますか、テキストよりもインパクトの強い直接的な言葉を多用する面もあるかと思います。表紙やタイトル、中吊り広告などに踊っている言葉は、限られた文字数でわかりやすく伝えなければなりませんから。いずれにしても「欲望を喚起する」という点は、優れた造語に共通する特徴のひとつでもあります。何となくこうしたいという気持ちや漠然とした欲望があるところに、うまい造語をすると、カチッとはまってマーケットが生まれる。たとえば「女子会」。もともと居酒屋は女子大生や主婦ら女性だけでもよく使われていた。居酒屋はおじさんが行く場所、というイメージと裏腹な実態を言語化すればマーケットが生まれるだろうという仮説にもとづき、リクルートと居酒屋の「笑笑」が組んでキャンペーンを始めたところ大当たりでした。渋谷の「笑笑」は女子大生で、地方の「笑笑」は主婦でいっぱいになりました。居酒屋への女性の欲望を言語化し、新たなマーケットを創造したわけです。面白いのは、主婦たちが「旦那に言いやすくなった」というんです。これまで「友達と飲んでくる」と言うと良い顔をされなかったのに、「女子会に行くから」と言うと旦那もスンナリ送り出してくれる。「女子会」という言葉のおかげで、女性同士で飲みに行くこと自体に抵抗感を覚える人がいなくなった。

西田 ちなみに、失望をかき立てる言葉もあるのでしょうか。

松井 失望をかき立てる言葉で直接的にマーケットが生まれる例はありませんが、問題を浮き彫りにする言葉、「脅威」の社会記号として先ほど例にあげた「加齢臭」などがそれに該当するのではないでしょうか。

西田 政治の言葉にも当てはまりますね。潜在的な欲望を言語化して支持拡大につなげることもできるし、隠れていた問題を言語化して課題として提示することもできそうです。

松井 大きな話題になった「保育園落ちた日本死ね」は、かなりの影響力を持ったのではないでしょうか。この場合、欲望というより切実な要望、不満ですが、待機児童の問題だけでなく、過激な表現によって母子家庭が置かれている現実の厳しさまでをより鮮明に可視化させた。匿名のブログから発信された言葉を民主党の山尾志桜里議員が提示して顕在化させた、という構図ですね。そうした潜在的な、あるいは未知の「欲望」を発見する能力が必要とされるのはマーケターも政治家も同じでしょう。選挙という〝市場〟で支持を獲得しなければいけない政治家も、有権者の「欲望」に対してセンシティブにならなければいけない。

西田　有権者の欲望やその裏返しである不満を言葉にして可視化し、支持を得る。「都民ファースト」などもそうした言葉のひとつですし、小池百合子東京都知事の言語化する感覚は非常に鋭いと言えるのではないでしょうか。

松井　先程例に挙げた小泉首相の「抵抗勢力」にも同じ要素が見られます。二〇〇五年の郵政選挙で世間の「改革」への潜在的な欲望をすくい上げ、見事な二項対立をつくりあげた。繰り返しになりますが、「問題の顕在化」という意味でも「欲望の喚起」という意味でも、実に優れた造語だと感心してしまいますね。

均一化へと向かう「マーケティング」政治

松井　こういう研究をやっていると必ず聞かれるのが、「『女子会』などのようなバズる言葉はどうやれば作れるんですか」という質問です。「わからない」と答えますが、成功例の裏には無数の失敗例があり、当たる確率としてはかなり低いわけです。作り方がわかっていて全部当てることができるなら、それこそ世の中を操ることができるわけですから。それでも過去の成功例に学んで少しでも社会に影響を与え得る言葉を如何にして作り出していくか、を考えていくと、最大の要諦はやはり「欲望の喚起」というところに行き着く。

西田　政治も全く同じです。「消費者」が「有権者」に変わるだけ。そういう能力に長けている政治家が支持を集め、当選を重ねる。小選挙区制の導入以降、特にそうした傾向が強まっている気がします。たとえば衆議院の激戦区だと、当選するには数十万票は取らないといけないわけです。東京都なら一〇〇万人の支持が必要になる区もあります。そういう状況で、世の中の欲望の配置に対して本能的に把握できるようでなければ勝てない。組織票というものがあるにせよ、政治家個人が敏感に反応できなければ勝てない。もはや政治家はそういう職業になっています。若いビジネスパーソンや学生らと話をしていますと、「政治家に実際に会ってみたら意外にいい人だ」とか「彼は政治家らしくない」という評価を下していたりすることが多いんですね。しかしこれは逆で、彼らはまさに我々の欲望の配置を敏感に捉え、無意識のうちに自分を最適化させているに過ぎないのではないか、とさえ感じます。

松井　なるほど、それは非常に興味深いお話です。選挙制度の仕組み、在り様がそうした政治家を生み出していく。小選挙区が作り出した政治家のサバイバル能力の折り込み、みたいなものが起こっているのかもしれませんね。ただ、そうなると必然的にマーケットも政治も均一化する方向へ向かうことになる。マーケティングの精度が上がれば上がるほど、ルミネのウインドウに似たような服ばかりが並ぶ現象が起きてしまいます。政治家たちがみな同じように有権者の欲望に最適化し始めたら、政党や政治家、政策に差がなくなりませんか。

西田　ご指摘のとおりかもしれません。実際、第二次安倍政権以降、与野党の政策の幅が小さくなってきています。自民党ではデータドリブンの活用も組織的に始まっていて、野党の主張でも効きそうなものは柔軟に取り入れていくようになっている。たとえば女性の活用とか同一労働同一賃金なども、もともとは野党、左派の主張だったわけです。そういった流れと呼応しているのではないかと思います。また、これは疑似相関かもしれませんが、自民党内で派閥の影響力が弱まり、安倍的なものの一色になってきている。「安倍一強」も時期を同じにしているという点で、やはり呼応しているという見方もできなくはない。ついでにもうひとつあげると、公募制の導入も関係しているのではないでしょうか。あくまで仮説の域を出ませんが。

松井　杉村太蔵議員が話題になったものですね。

西田　そうです。自民党は二〇〇〇年代前半から公募制を始めているのですが、そこから出てきた当選回数の浅い若手政治家を見ていると、ある種の実務感覚のようなものがあって、非常に功利的なものを好む傾向が伺えます。それは野党も同じではあるんですが、そのために何となく党を超えて若い世代の政治家が均質的に見えてきます。

松井　マーケティングには、欲望を喚起させることの他にもうひとつ、新しい欲望を開拓する側面もあります。言い換えれば、顧客に合わせる面と、顧客に教える面です。その人が美味しいと思うものを提供していたら文句は出ません。それでとどまるのが前者。後者は、青カビのチーズが本当は美味しいこと、赤ワインと合わせると絶品であること、などを顧客に伝え、その魅力を知ってもらう。それによってますますいいお客さんになってもらう。実務的で功利的な若手は、美味しいものを提供して実利を確実に求める前者の手法には長けているということでしょうか。後者の「新しいことを教える」といった手法は、政治の場合はどのように行われているのかわかりませんが。

西田　正直なところ、日本の政治はまだ前者にとどまっている印象です。つまり、世論調査などで欲望の配置を認識し、最適化している段階。ただ憲法改正問題をみていると、後段に入りつつあるのかもしれません。

松井　改憲への潜在的な欲望が国民の間にありそうだという見通しに基づいて改憲を持ち出し、積極的にそのメリットを提示し始めていると。

西田　国民の中に改憲への潜在的欲望があると言えるのかどうかは、悩ましいところですね。世論調査では、これまで護憲派が大勢を占めていたのが徐々に拮抗しています。北朝鮮のミサイル問題などのタイミング次第で改憲派がマジョリティになる場合も出てきたのが二〇〇〇年代中盤からの流れです。安倍さんは第一次内閣の時に国民投票法を整備して具体的に法律の手続きを定めました。これがない時代にいくら改憲と言ってみたところで実現できなかったわけですよね。第二次内閣以降も変わらず憲法改正に強い意志を持っているのは明らかで、あの手この手で国民に働きかけている様子を見ていると、政治における新しいマーケティングのステージに入りつつあるのではないかという認識を持ちます。ちなみに憲法改正に関して気になる言葉として「お試し改憲」があります。左派は、お試しで憲法を変えるなんてとんでもないとネガティブに使っていたのですが、若い世代には「一度も変えたことがなければ変えてみれば」とポジティブに捉える向きもあるんですね。

松井　「お試し」という言葉が巧みに使われた造語ですね。「行為」のカテゴリーに入る「動機のボキャブラリー」のひとつでしょう。重大な「改憲」に「お試し」というお気楽な言葉をくっつけることで、改憲することへの抵抗や慎重論を薄めている。「婚活」という言葉が結婚相談所などへの抵抗感を下げたのと同じ効果です。一種の形容矛盾ですが、こうした言葉はマーケットでも人の心に刺さります。形容矛盾の造語というのは、例えば「大人女子」とか「小さな巨人」、政治がらみで例をあげると「褒め殺し」でしょうか。真逆のものを組み合わせることで印象を強め、耳目を集める。

西田　まさにその通りで、「お試し」という言葉には「ダメなら戻せばいい」という緩さを感じさせますが、再改正は憲法九六条のハードルが再び課せられ、かなり難しい状況です。ほとんど不可逆です。その不可逆な側面を巧みに糊塗《こと》したトリッキーな言葉です。若い世代が、改憲のハードルが下がったかのような錯覚に陥っているのだとすれば、強い懸念を感じざるを得ません。

「インフレ化」が進む政治家の言葉

松井　政治家の均質化という話に戻りますと、小選挙区によって均質化が加速していくにつれて、その中で生き残るための戦略として必然的に「差別化」が意識され始めるのではないかと思います。ヒット商品が出ると必ず追随して似たような商品が次々と出てきますが、ただの二番煎じにならないためには、同じ製品カテゴリーの中で代表的なヒット商品にとことん寄せていくか離していくか、距離の取り方を決めて自社製品のポジション取りをしていく、ということをやるんですね。均質でありつつも、たくさんの類似品がある中でどのように差別化を図るかが重要になってくる。やはり政治の世界は、差別化できなければ生き残れないようにも思われますし、むしろ新しい製品カテゴリーそのものを作り出すことが政治家の本来的な仕事なのではないかとすら感じます。

西田　政治は基本的に一人一店舗というスタンスですから。やはり誰かの模倣だけでは自分の選挙区で戦うのが難しい事情もあります。ですが、小池さんの周りに集まった人たちは、見事に小池カラー一色でした。色合いしかり、喋り方しかり。大半が政治経験を持たず、政治のスタンダードがわかっていない人たちだったので模倣戦略しかなかった。小池さんを模倣したくて集まってきただけの人も少なくないのではないでしょうか。維新の会はその逆で、橋下徹的なものから遠ざかって差別化しようという動きが目立ちます。橋下さんのような、ある意味で過激な人たちが出てくると、足立康史議員とか、長谷川豊議員とか、さらにその向こうを張ろうとする人たちも登場します。ヘイトスピーチ的なものや朝日新聞叩きなどはその流れではないかと思いますが、従来の政治家が作った規範の外へ外へと攻めて行こうとする。「過激」という戦略を模倣すればそうなるのは必然ですし、小泉的な「断言」をより強くしていくことにつながります。

松井　差別化という遠心力みたいなものが働いていて、もっと断定的でもっとシンプルな言葉を発するというメカニズムがビルドインされているということですかね。

西田　だと思います。テレビ政治によって始まった「言い切り」型の政治言葉がさらに強い「断言」化していく。かつては言質を取られない慎重な物言い、複雑で政治的な表現が多かった。最近は明確に言い切る「断言」が目立ちます。橋下徹しかり、小池百合子しかり、安倍晋三しかり。テレビとネットメディアで映えることが第一、細かい条件はあとから付け加える話法です。そこにこの「差別化」が大きく効いているような気がしてなりません。

松井　昭和的な「言語明瞭意味不明瞭」は言質を取られないことに重きを置いていたもので、今でもそういう傾向が残っているとは思いますが、平成的な断言スタイルがむしろ好まれるようになってきている、と。言質を取られたら後で責任を取らなければなりませんが、それでも断言型が主流になっているということは、政治家が「責任を取らなくても良い」と考え始めているということにもなります。責任がなければ、どんどん言い切ってしまった者勝ち。その結果、言葉の価値は大きく下がりますよね。

西田　まさに。言葉のインフレと言えそうです。

松井　とはいえ、今はかつての政治家のようにあいまいなことばで、有権者の支持を集められるでしょうか。

西田　難しいかもしれませんね。

松井　ツイッターで発信もできないだろうし。

西田　指摘したいのは、安倍政権が「言葉のインフレ」によって救われてきたという点です。アベノミクスも女性活用も保育の充実も、安倍首相が「やります」と断言するほどには、社会は変わっていない。規制改革はその代表です。言葉と実態が全然違う。なのに、責任を問われない。いつかボロが出るのではないかと思いますが。安倍政権は、言葉よりイメージに依拠しているのかもしれません。安倍首相が具体的にどういう成果を上げたかより、安倍さんのなんとなくのイメージ、一見力強くみえるイメージが、野党の弱さと対になってひとり歩きしている。

松井　イメージ戦略がうまくいけば支持は得られる。ということは、政治もすでに言葉以外のものの影響力が大きくなっているということでしょうか。

西田　行き着く先は、言葉やテキストがなくなり、ある種のシンボルや表象だけがあるイメージです。内容ではなく、形式だけで評価されてしまうような世界観ですね。政治はロゴスと密接に関係していたし、私も情ではなく理性の政治が大切と言っていましたが、理性の時代は終わるのではないか。極端に言えば、そんな危惧を抱いています。

松井　インプレッション・マネジメントというか、自分がどう見られるかを、政治家が言葉ではなくインスタグラムのように非言語的なツールを駆使してやるようになるだろうと。その先に政治家は何をしようとしているのでしょう。

西田　マックス・ウェーバーは『職業としての政治』で、職業政治家よりも国民のことを一義に考える政治家が重要だと言いましたが、ここにきてますますそれが問われているのではないでしょうか。令和の時代に信念の政治家が出てくるのか、信念の政治家の言葉とはいかなるものなのか、信念の政治家のように見えているものが実は作られたイメージに過ぎないのか。その見極めが大切です。ネットが普及しているとはいえ、生活者がみな新しいリテラシーを模索しているわけではない。変転する政治の言葉を読み解き、伝える力をどう身につけるかが、これからのマスメディアの役割ではないでしょうか。

（朝日新聞社『journalism』二〇一八年四月号掲載の対談「政治とことばとマーケティング」を加筆修正しました）

おわりに

本書は、平成から令和元年にかけての『ハーバー・ビジネス・オンライン』上の連載が骨子となっている。そして平成の三〇年を新語・流行語大賞と関連する「政治の言葉」を通して、振り返るものであった。執筆を終えて、通読してみると、正直なところ今となっては一読するだけでは文意が取れない言葉すら存在することに新鮮な驚きを禁じ得ない。読者の皆さんはどうだろうか。

それでもいくつかの補助線を引くと、それぞれの「政治の言葉」が受け止められた文脈を理解することができるのではないか。本書が改元の祝賀ムードのなかですっかり忘れられた平成政治とその文脈を再考する一助になるなら幸いに思う。

社会学を専門にしながら、情報と政治、選挙、民主主義の関係を研究の中核に据えるという捻れた立ち位置で仕事をするようになって随分の時間が経ったが、本書は筆者にとって初めての時事政治の評論集ということになる。

もちろん単発の仕事としては新聞、雑誌、テレビ、ネット媒体などで政治評論に相当する仕事をこれまでも積み重ねてきたが、一冊まとまってということでは初めてのことだ。

本書は「政治の言葉」を通して平成を振り返ったが、令和元年は平成元年と同様に選挙の年でもある。政治はビジネスとは違う。一時点における合理的選択には還元できない側面を確実に有している。それは政治内システムにおける人間関係の集積であり、また社会と世論に対する適応過程とも捉えられるが、要するに歴史によって駆動される性質を有している。「政治の言葉」は人々の政治認識の礎だ。

新語・流行語大賞に選ばれた「政治の言葉」とは、社会から眼差した政治の表象でもある。平成の三〇年のそれらを現時点の文脈から振り返るという作業は、令和の時代の政治を考えるためのウォーミングアップだ。

政治学者、政治記者、政治評論家らの手ですでに多くの平成政治の総括がなされているが、本書で繰り返し言及したように、今後「政治の言葉」のみならず「政治のイメージ」の重要性が増していくのであれば、尚更のこと政治の内的システムとその原理を理解するのみならず、社会と政治の関係を捉え直す作業の重要性が増していくはずだ。

管見の限り、意外なまでにそのような問題意識は政治からは伝えられておらず、そのような仕事もそれほど多くはなされていないようだ。本書がその空白を埋め、政治好きの読者がある種の裏面史として楽しむ一助になるなら幸いである。

最後に、本書は千倉書房の塩原晃氏の熱心な勧めで企画された。そうでありながら、筆者の遅筆によってすっかり進捗を遅らせてしまった。刊行まで漕ぎ着けることができたのは、ひとえに氏のおかげである。ギリギリまで大量の修正を送ることになったが、丁寧に対応してくださった。

一橋大学の松井剛先生には「政治と言葉」を考える重要なきっかけをいただいた。本書のきっかけは、朝日新聞社の吉田貴文氏が企画した松井先生と筆者の『Journalism』誌における対談であった。連載初出の『ハーバー・ビジネス・オンライン』の高谷洋平編集長には連載の機会をいただいた。

書籍執筆には準備を含めて、他の仕事と比べて膨大な時間を要する。遅筆な筆者は尚更である。その間、妻と子どもたちには多くの負担をかけた。それぞれ記して感謝と謝罪を伝えたい。

令和元年五月　季節外れの大雨後の深夜の東京工業大学大岡山キャンパスにて

西田亮介

西田亮介（にしだりょうすけ）

一九八三年京都生まれ。社会学者。東京工業大学リベラルアーツ研究教育院准教授。博士（政策・メディア）。慶應義塾大学総合政策部卒業。同大学院政策・メディア研究科修士課程修了。同後期博士課程単位取得退学。（独）中小企業基盤整備機構経営支援情報センターリサーチャー、立命館大学大学院特別招聘准教授などを経て現職。『ネット選挙とデジタル・デモクラシー』（ＮＨＫ出版／二〇一三年）『メディアと自民党』（角川新書／二〇一五年／社会情報学会二〇一六年優秀文献賞受賞）『なぜ政治はわかりにくいのか：社会と民主主義をとらえなおす』（春秋社／二〇一八年）『情報武装する政治』（KADOKAWA／二〇一八年）など著書多数。

「言葉」で
読み解く
平成政治史

2019年7月1日　初版第1刷発行

著　者　西田亮介

発行者　千倉成示
発行所　株式会社 千倉書房
〒104-0031　東京都中央区京橋2-4-12
電話 03-3273-3931（代表）
https://www.chikura.co.jp/

印刷・製本　藤原印刷株式会社

ISBN 978-4-8051-1178-9　C0031